經二十有九年春王正月公在楚公在外闕朝正之禮甚多而唯書此一年者魯公如楚既非常此公又踰年故發此一事以明常○夏五月公至自楚○庚午衛侯衎卒無傳四同盟○衎苦旦切○閽弑吳子餘祭閽守門者下賤非士故不言盜○閽音昏弑申志切祭側界切○仲孫羯會晉荀盈齊高止宋華定衛世叔儀鄭公孫段曹人莒人滕人薛人小邾人城杞公孫段伯石也三十年伯有死乃命為卿今盖以攝卿行○攝居謁切○晉侯使士鞅來聘○杞子來盟杞復稱子用夷禮也○復扶又切○吳子使札來聘吳子餘祭既遣札聘上國而後死札以六月到魯未聞喪也不稱公子其禮未同於上國○札側八切○秋九月葬衛獻公無傳○齊高止出奔北燕高止高厚之子○燕音烟○冬仲孫羯如晉

傳二十九年春王正月公在楚釋不朝正于廟也釋解也告廟在楚解公所以不朝正楚人使公親襚諸侯有遺使賵襚之禮今楚欲依遺使之比○襚音遂說文云衣死人衣○使所吏切賵芳鳳切一本作贈○比必利切公患之穆叔曰祓殯而襚則布幣也先使巫祓除殯之凶邪而行襚禮與朝而布幣無異○祓音拂徐音廢乃使巫以桃茢先祓殯茢黍穰○茢音列徐音例穰如羊切鄭注周禮云茢苕箒楚人弗禁既而悔之禮君臨臣喪乃祓殯故楚悔之○二月癸卯齊人葬莊公於北郭兵死不入兆域故葬北郭○夏四月葬楚康王公及陳侯鄭伯許男送葬至于西門之外諸侯之大夫皆至于墓楚郟敖即位郟敖康王子熊麇也○郟古洽切麇九倫切王子圍為令尹圍康王弟鄭行人子羽曰是謂不宜必代之昌松柏之下其草不殖言楚君弱令尹強物不兩盛為昭元年圍弑郟敖起本○公還及方城季武子取卞取卞邑以自益○卞皮彥切本又作弁使公冶問問公起居公冶季氏屬大夫○冶音也璽書追而與之璽印也○璽音徙廣雅云璽印謂之璽說文作壐從土云王者印也籀文從玉○印一刃切曰聞守卞者將叛臣帥徒以討之既得之矣敢告公冶致使而退致季氏使命○使所吏切注并下注而賞其使同及舍而後聞取卞發書乃聞之公曰欲之而言叛祇見疏也言季氏欲得卞而欺我言叛益疏我○祇音支本又作多音同服云祇適也公謂公冶曰吾可以入乎以季氏跡已故不敢入對曰君實有國誰敢違君公與公冶冕服以卿服玄冕賞之固辭強之而後受公欲

無入榮成伯賦式微乃歸(式微詩邶風曰式微式微胡不歸式用也義取寄寓之微陋勸公歸彊其丈切邶音佩寓音遇)五月公至自楚公冶致其邑於季氏(本從季氏得邑故還之)而終不入焉(不入季孫家)曰欺其君何必使余季孫見之則言季氏如他日不見則終不言季氏及疾聚其臣(大夫家臣)曰我死必無以冕服斂非德賞也(言公畏季氏而賞其使非以我有德斂力驗切)且無使季氏葬我〇葬靈王(不書魯不會)鄭上卿有事子展使印段往伯有曰弱不可(印段年少官卑少詩照切)子展曰與其莫往弱不猶愈乎詩云王事靡盬不遑啓處(詩小雅盬不堅固也啓跪也言王事無不堅固故不暇跪處盬音古跪其委切)東西南北誰敢寧處(謂上卿)堅事晉楚以蕃王室也(言我固事晉楚乃所以蕃屏王室蕃芳元切)王事無曠何常之有遂使印段如周(傳言周衰卑於晉楚)〇吳人伐越獲俘焉以為閽使守舟吳子餘祭觀舟閽以刀弑之(言以刀明近刑人近附近之近)〇鄭子展卒子皮即位(子皮代父為上卿)於是鄭饑而未及麥民病子皮以子展之命餼國人粟戶一鍾(在喪故以父命也六斛四斗曰鍾餼許氣切)是以得鄭國之

民故罕氏常掌國政以為上卿宋司城子罕聞之曰鄰於善民之望也(民亦望君為善)宋亦饑請於平公出公粟以貸使大夫皆貸司城氏貸而不書(施而不德貸他代切施始豉切下同)為大夫之無者貸宋無飢人叔向聞之曰鄭之罕宋之樂其後亡者也二者其皆得國乎(得掌國政向許丈切)民之歸也施而不德樂氏加焉其以宋升降乎(升降隨宋盛衰)〇晉平公杞出也故治杞(治理其地脩其城)六月知悼子合諸侯之大夫以城杞孟孝伯會之鄭子大叔與伯石往(大叔不書不親事知音智大叔音泰)子大叔見大叔文子(文子衛大叔儀)與之語文子曰甚乎其城杞也子大叔曰若之何哉晉國不恤周宗之闕而夏肄是屏(周宗諸姬也夏肄杞也肄餘也屏城也夏戶雅切注下皆倣此肄以二切詩傳云斬而復生曰肄方言云枿餘也秦晉之間曰肄)其棄諸姬亦可知也已諸姬是棄其誰歸之吉也聞之棄同即異是謂離德詩曰協比其鄰昏姻孔云(詩小雅言王者和協近親則昏姻甚歸附比毗志切)晉不鄰矣其誰云之(云猶旋旋歸之)〇齊高子容與宋司徒見知伯女齊

相禮（子容高止也司徒華定也知伯荀盈也女齊司馬侯也相禮侍威儀也女音汝相息亮切）賓出司馬侯
言於知伯曰二子皆將不免子容專（專自是也）司徒侈皆亡家之主
也知伯曰何如對曰專則速及（速及禍也侈昌氏切又尸氏切）侈將以其力斃
（力盡而自斃斃婢世切）專則人實斃之將及矣（為此秋高止出奔燕昭二十年華定出奔陳傳專則
人實斃之絕句將及矣本或作侈將及矣者非）○范獻子來聘拜城杞也（謝魯為杞城為于僞切下
為之歌同）公享之展莊叔執幣（公將以酬賓）射者三耦（二人為耦耦五口切）公臣不
足取於家臣家臣展瑕展玉父為一耦公臣公巫召伯仲顏莊
叔為一耦鄫鼓父黨叔為一耦（言公室卑微公臣不能備於三耦召上照切鄫才陵切黨音掌）
○晉侯使司馬女叔侯來治杞田（使魯歸前侵杞田所歸少故不書）弗盡歸也
晉悼夫人慍曰齊也取貨（夫人平公母杞女也謂叔侯取貨於魯故不盡歸杞田慍紆運切怒也怨
也）先君若有知也不尚取之（不尚叔侯之取貨）公告叔侯叔侯曰虞虢
焦滑霍揚韓魏皆姬姓也（八國皆晉所滅焦在陝縣揚屬平陽郡虢瓜百切焦子消切滑乎八切）
晉是以大若非侵小將何所取武獻以下兼國多矣（武公獻公晉始盛之

君）誰得治之杞夏餘也而即東夷（行夷禮）魯周公之後也而睦於
晉以杞封魯猶可而何有焉（何有盡歸之）魯之於晉也職貢不乏玩
好時至公卿大夫相繼於朝史不絕書（書魯之朝聘好呼報切下好善同）府無
虛月（無月不受魯貢）如是可矣何必瘠魯以肥杞且先君而有知也毋
寧夫人而焉用老臣（言先君毋寧怪夫人之所為無用責我瘠在亦切毋音無焉於虔切）杞文公
來盟（魯歸其田故來盟）書曰子賤之也（賤其用夷禮）○吳公子札來聘見叔
孫穆子說之謂穆子曰子其不得死乎（不得以壽死說音悅壽音授）好善而
不能擇人吾聞君子務在擇人吾子為魯宗卿而任其大政不
慎舉何以堪之禍必及子（為昭四年豎牛作亂起本）請觀於周樂（魯以周公故有天子
禮樂）使工為之歌周南召南（此皆各依其本國歌所常用聲曲召上照切本亦作邵）曰美哉（美其
聲）始基之矣（周南召南王化之基）猶未也（猶有商紂未盡善也盡津忍切）然勤而不怨
矣（未能安樂然其音不怨怒樂音洛）為之歌邶鄘衛（武王伐紂分其地為三監三監叛周公滅之更封康
叔并三監之地故三國盡被康叔之化鄘音容被皮義切）曰美哉淵乎憂而不困者也（淵深也亡）

國之音哀以思其民困衛康叔武公德化深遠雖遭宣公淫亂懿公滅亡民猶秉義不至於困○思息嗣切下憂思同吾聞
衛康叔武公之德如是是其衛風乎康叔周公弟武公康叔九世孫皆衛之令德君也聽
聲以為別故有疑言○別彼列切為之歌王王黍離也幽王遇西戎之禍平王東遷王政不行於天下風俗下與諸侯
同故不為雅曰美哉思而不懼其周之東乎宗周隕滅故憂思猶有先王之遺風故不懼○隕
于敏切為之歌鄭詩第七曰美哉其細已甚民弗堪也是其先亡乎
美其有治政之音譏其煩碎知不能久○治直吏切為之歌齊詩第八曰美哉泱泱乎大風
也哉泱泱弘大之聲○泱於良切又於郎切韋昭於康切表東海者其大公乎大公封為東海之
表式○大音泰國未可量也言其或將復興○復扶又切下復識同為之歌豳詩第十五豳周之舊國在
新平漆縣東北○豳彼貧切曰美哉蕩乎樂而不淫其周公之東乎蕩乎蕩然也樂而不
淫言有節周公遭管蔡之變東正三年為成王陳后稷先公不敢荒淫以成王業故言其周公之東乎○樂音岳又音洛下而又
何樂而可以樂同○為于偽切○王如字又于況切為之歌秦詩第十一後仲尼刪定故不同○刪所姦切曰此之
謂夏聲夫能夏則大大之至也其周之舊乎秦本在西戎汧隴之西秦仲始有車
馬禮樂去戎狄之音而有諸夏之聲故謂之夏聲及襄公佐周平王東遷而受其故地故曰周之舊○汧苦賢切○去起呂切又如字

為之歌魏詩第九魏姬姓國閔元年晉獻公滅之曰美哉渢渢乎大而婉險而易
行以德輔此則明主也渢渢中庸之聲婉約也險當為儉字之誤也大而約則儉節易行惜其國小無明
君也○渢扶弓切徐敷劍切韋昭音凡○婉紆阮切○險依注音儉○易以豉切為之歌唐詩第十唐晉詩曰思深
哉其有陶唐氏之遺民乎不然何憂之遠也晉本唐國故有堯之遺風憂深思遠
情發於聲○思息嗣切非令德之後誰能若是為之歌陳詩第十二曰國無主其
能久乎淫聲放蕩無所畏忌故曰國無主自鄶以下無譏焉鄶第十三曹第十四言季子聞此二
國歌不復譏論之以其微也○鄶古外切為之歌小雅小雅小正亦樂歌之常曰美哉思而不
貳思文武之德無貳叛之心怨而不言有哀音其周德之衰乎衰小也猶有先王
之遺民焉謂有殷王餘俗故未大為之歌大雅大雅陳文王之德以正天下曰廣哉熙
熙乎熙熙和樂聲曲而有直體論其聲其文王之德乎雅頌所以詠盛德形容故但歌
其美者不皆歌變雅為之歌頌頌者以其成功告於神明曰至矣哉言道備至矣哉一本無矣字直
而不倨倨傲○倨音據徐音居○傲五報切曲而不屈屈撓○撓乃孝切邇而不偪謙退○偪彼力切遠
而不攜攜貳遷而不淫淫過蕩復而不厭常日新○厭於豔切徐於贍切哀而不愁

知樂而不荒節之以禮用而不匱德弘大匱其位切廣而不宣不自顯施而不費因民所利而利之費芳味切取而不貪義然後取處而不底守之以道底丁禮切行而不流制之以義五聲和宮商角徵羽謂之五聲和張里切八風平八方之氣謂之八風節有度守有序八音克諧節有度也無相奪倫守有序也盛德之所同也頌有殷魯故曰盛德之所同見舞象箾南籥者象箾舞所執南籥以籥舞也皆文王之樂箾音朔籥羊略切曰美哉猶有憾美哉美其容也文王恨不及己致大平憾本亦作感胡暗切大音泰見舞大武者武王樂曰美哉周之盛也其若此乎見舞韶濩者殷湯樂韶上昭切本或作招音同濩音護又戶郭切曰聖人之弘也而猶有慙德聖人之難也慙於始伐見舞大夏者禹之樂曰美哉勤而不德非禹其誰能脩之盡力溝洫勤也洫況域切見舞韶箾者舜樂箾音簫曰德至矣哉大矣如天之無不幬也幬覆也幬徒報切如地之無不載也雖甚盛德其蔑以加於此矣觀止矣若有他樂吾不敢請已魯用四代之樂故及韶箾而季子知其終也季札賢明才博在吳雖已涉見此樂歌之文然未聞中國雅聲故請此周樂欲聽其聲然後依聲以參時政知其興衰也聞秦詩謂之夏聲聞頌曰五聲和八風平皆論聲以參政也舞畢知其樂終是素知其篇數

其出聘也通嗣君也吳子餘祭嗣立故遂聘于齊說晏平仲謂之曰子速納邑與政納邑歸之公說音悅下同無邑無政乃免於難齊國之政將有所歸未獲所歸難未歇也歇盡也難乃旦切歇許謁切下同故晏子因陳桓子以納政與邑是以免於欒高之難難在昭八年聘於鄭見子產如舊相識與之縞帶子產獻紵衣焉大帶也吳地貴縞鄭地貴紵故各獻己所貴示損己而不為彼貨利縞古老切徐古到切繒也紵直呂切謂子產曰鄭之執政侈難將至矣政必及子子為政慎之以禮不然鄭國將敗侈謂伯有適衛說蘧瑗蘧伯玉蘧其居切瑗于眷切史狗史朝之子文子朝如字下子朝同史鰌史魚鰌音秋公子荊公叔發公叔文子公子朝曰衛多君子未有患也自衛如晉將宿於戚戚孫文子之邑聞鐘聲焉曰異哉吾聞之也辯而不德必加於戮辯猶爭也爭爭鬭之爭夫子獲罪於君以在此孫文子以戚叛懼猶不足而又何樂夫子之在此也猶燕之巢於幕上言至危幕音莫君又在殯而可以樂乎獻公卒未葬遂去之宿不止文子聞之終身不聽琴瑟聞義能改適晉說

趙文子韓宣子魏獻子曰晉國其萃於三族乎言晉國之政將集於三家萃在
醉切集也說叔向將行謂叔向曰吾子勉之君侈而多良大夫皆富
政將在家富必厚施故政在家施式豉切吾子好直必思自免於難○秋九月
齊公孫蠆公孫竈放其大夫高止於北燕蠆子尾竈子雅放者宥之以遠蠆勑邁切
竈音又乙未出書曰出奔罪高止也實放書奔所以示罪高止好以事自為
功且專故難及之好呼報切○冬孟孝伯如晉報范叔也范叔士鞅也此年夏
來聘○為高氏之難故高豎以盧叛豎高止子為于僞切下注為子產同豎上主切十月庚
寅閭丘嬰帥師圍盧高豎曰苟使高氏有後請致邑還邑於君齊人
立敬仲之曾孫酀敬仲高傒酀於顯切傒音兮良敬仲也良猶賢也十一月乙卯
高豎致盧而出奔晉晉人城緜而寘旃晉人善其致邑緜音綿寘之豉切旃之然切
○鄭伯有使公孫黑如楚黑子晳晳星歷切辭曰楚鄭方惡而使余往
是殺余也伯有曰世行也言女世為行人女音汝子晳曰可則往難則已
何世之有伯有將強使之子晳怒將伐伯有氏大夫和之十二

月己巳鄭大夫盟於伯有氏裨諶曰是盟也其與幾何言不能久也裨
諶鄭大夫強其丈切裨婢支切諶本亦作湛市林切與如字或音預幾居豈切詩曰君子屢盟亂是用
長今是長亂之道也禍未歇也必三年而後能紓紓解也屢力住切長丁丈
切下同紓直呂切徐音舒解音蟹然明曰政將焉往裨諶曰善之代不善天命
也其焉辟子產言政必歸子產焉於虔切下同舉不踰等則位班也子產位班次應知政
擇善而舉則世隆也世所高也天又除之奪伯有魄喪其精神為子產驅除喪息浪
切驅丘具切又如字除直據切或如字子西即世將焉辟之天禍鄭久矣其必使
子產息之乃猶可以戾戾定也不然將亡矣
經三十年春王正月楚子使薳罷來聘罷音皮○夏四月蔡世子
般弒其君固般音班○五月甲午宋災天火曰災○宋伯姬卒○天王
殺其弟佞夫稱弟以惡王殘骨肉佞乃定切惡烏路切下惡宋同又如字○王子瑕奔晉不言
出奔周無外○秋七月叔弓如宋葬宋共姬共姬從夫謚也叔弓叔老之子卿共葬事禮過
厚三月而葬速共音恭注皆同○鄭良霄出奔許耆酒荒淫書名罪之耆市志切○自許入

于鄭（不言復入獨還無兵復扶又切）○鄭人殺良霄○冬十月葬蔡景公（無傳）○晉人齊人宋人衛人鄭人曹人莒人邾人滕人薛人杞人小邾人會于澶淵宋災故（會未有言其事者此言宋災故以惡宋人不克己自責而出會求財澶市然切字林音丈山切云水在宋）

傳三十年春王正月楚子使薳罷來聘通嗣君也（郟敖即位）穆叔問王子之爲政何如（王子圍爲令尹問王子之爲政一本作問王子圍之爲政服虔王肅本同）對曰吾儕小人食而聽事猶懼不給命而不免於戾焉與知政固問焉不告穆叔告大夫曰楚令尹將有大事子蕩將與焉（子蕩薳罷儕仕皆切焉於虔切與音預下將與與於同）助之匿其情矣（子圍素貴郟敖微弱諸侯皆知其將爲亂故穆叔問之匿女力切）○子產相鄭伯以如晉叔向問鄭國之政焉對曰吾得見與否在此歲也駟良方爭未知所成（駟氏子晳也良氏伯有也相息亮切爭爭鬭之爭下注良爭同）若有所成吾得見乃可知也叔向曰不既和矣乎對曰伯有侈而愎（愎很也愎彼力切很胡墾切）子晳好在人上莫能相下也雖其和

也猶相積惡也惡至無日矣（爲此年秋良霄出奔傳好呼報切下戶嫁切）○二月癸未晉悼夫人食輿人之城杞者（輿衆也城杞在往年食音嗣輿音餘）絳縣人或年長矣無子而往與於食有與疑年使之年（使言其年長丁丈切）曰臣小人也不知紀年臣生之歲正月甲子朔四百有四十五甲子矣其季於今三之一也（所稱正月謂夏正月也三分六甲之一得甲子甲戌盡癸未夏戶雅切）吏走問諸朝（皆不知故問之吏走一本作使走如字疾速之意也一曰走使之人也服虔王肅本作吏云吏不知歷者）師曠曰魯叔仲惠伯會郤成子于承匡之歲也（在文十一年）是歲也狄伐魯叔孫莊叔於是乎敗狄于鹹獲長狄僑如及虺也豹也而皆以名其子七十三年矣（叔孫僑如叔孫豹皆取長狄名鹹音咸僑其驕切虺虛鬼切）史趙曰亥有二首六身（史趙晉大史亥字二畫在上併三六爲身如算之六畫音獲併步頂切）下二如身是其日數也（下亥上二畫豎置身旁）士文伯曰然則二萬六千六百有六旬也（文伯士弱之子）趙孟問其縣大夫則其屬也（屬趙武）召之而謝過焉曰武不才任君之大事以晉國之多虞不能由吾子（由用也）使吾

子辱在泥塗久矣武之罪也敢謝不才遂仕之使助爲政辭以
老與之田使爲君復陶復陶主衣服之官復音服又音福以爲絳縣師縣師掌地域辯
其夫家人民而廢其輿尉以老故投孤於是魯使者在晉歸以語諸大夫
季武子曰晉未可媮也媮薄也使所吏切語魚據切媮他侯切有趙孟以爲大夫
有伯瑕以爲佐伯瑕士文伯有史趙師曠而咨度焉有叔向女齊以
師保其君其朝多君子其庸可媮乎勉事之而後可傳言晉所以不失諸
侯且明歷也度待洛切○夏四月己亥鄭伯及其大夫盟駟良爭故君子是以
知鄭難之不已也鄭伯微弱不能制其臣下君臣詛盟故曰亂未已難乃旦切詛側慮切○蔡景
侯爲大子般娶于楚通焉大子弒景侯終子產言有子禍也爲于僞切娶七住切○
初王儋季卒儋季周靈王弟儋丁甘切其子括將見王而歎括除服見靈王入朝而歎括古
活切見賢遍切單公子愆期爲靈王御士過諸廷愆期行過王廷單音善愆起虔切廷音庭
聞其歎而言曰烏乎必有此夫欲有此朝廷之權烏乎本又作嗚呼音同夫音扶入以
告王且曰必殺之不慼而願大視躁而足高心在他矣不殺必
害王曰童子何知及靈王崩儋括欲立王子佞夫佞夫靈王子景王弟躁早
報切佞夫弗知戊子儋括圍蔿逐成愆成愆蔿邑大夫蔿于委切成愆奔平時平時周邑時音止
又音市本或作畤五月癸巳尹言多劉毅單蔑甘過鞏成殺佞
夫五子周大夫過音戈鞏九勇切括瑕廖奔晉括廖不書賤也廖力彫切又勅留切書曰天王殺
其弟佞夫罪在王也佞夫不知故經書在宋災下從赴○或叫于宋大廟叫呼也叫
古弔切大音泰一本無大字呼火故切曰譆譆出出譆譆熱也出出戒伯姬譆許其切出如字鄭注周禮引此
作詘詘劉昌宗亦音出鳥鳴于亳社亳社亳步各切如曰譆譆皆火妖也甲午宋大災
宋伯姬卒待姆也姆女師姆徐音茂字林亡又切又音母君子謂宋共姬女而不
婦女待人待人而行婦義事也義從宜也伯姬時年六十左右○六月鄭子產如陳
涖盟歸復命告大夫曰陳亡國也不可與也不可與結好好呼報切聚禾
粟繕城郭恃此二者而不撫其民其君弱植公子侈大子卑大
夫敖政多門政不由一人繕上戰切植徐直吏切又時力切敖五報切本亦作傲服本作放云逞放也以介於
大國介間也介音界能無亡乎不過十年矣爲昭八年楚滅陳傳○秋七月叔弓

如宋葬共姬也（傷伯姬之遇災故使卿共葬共音恭）○鄭伯有耆酒爲窟室（窟室地室耆市志切窟口忽切）而夜飲酒擊鍾焉朝至未已朝者曰公焉在（家臣故謂伯有爲公焉在於虔切）其人曰吾公在壑谷（壑谷窟室壑呼洛切）皆自朝布路而罷（布路分散罷皮買切〃扶彼切）既而朝（伯有朝鄭君）則又將使子晳如楚歸而飲酒庚子子晳以駟氏之甲伐而焚之伯有奔雍梁（雍梁鄭地雍於用切）醒而後知之遂奔許大夫聚謀子反曰仲虺之志（仲虺湯左相醒星頂切相息亮切）云亂者取之亡者侮之推亡固存國之利也罕駟豐同生（罕子皮駟子晳豐公孫段也三家本同母兄弟侮亡甫切）伯有汏侈故不免（三家同出而伯有孤特又汏侈所以亡汏音泰）人謂子產就直助彊（時謂子晳直三家彊）子產曰豈爲我徒（徒黨也言不以駟良爲黨）國之禍難誰知所敝或主彊直難乃不生（言能彊能直則可弭難今三家未能則伯有方爭難乃旦切弭彌氏切爭爭鬬之爭）姑成吾所（欲以無所附著爲所著直略切）辛丑子產斂伯有氏之死者而殯之不及謀而遂行（不與於國謀斂力豔切與音預下不與同）印段從之（義子產）子皮止之衆曰人不我順何止焉子皮曰夫子禮於死

者況生者乎遂自止之壬寅子產入癸卯子石入（子石印段）皆受盟于子晳氏乙巳鄭伯及其大夫盟于大宮（大宮祖廟）盟國人于師之梁之外（師之梁鄭城門）伯有聞鄭人之盟己也怒聞子皮之甲不與攻己也喜曰子皮與我矣癸丑晨自墓門之瀆入（墓門鄭城門瀆徐音豆）因馬師頡介于襄庫以伐舊北門（馬師頡子羽孫頡戸結切介音界）駟帶率國人以伐之（駟帶子西之子子晳之宗主）皆召子產（駟氏伯有俱召）子產曰兄弟而及此吾從天所與（兄弟恩等故無所偏助）伯有死於羊肆（羊肆市列）子產襚之枕之股而哭之斂而殯諸伯有之臣在市側者既而葬諸斗城（斗城鄭地名襚音遂枕之鴆切股音古）子駟氏欲攻子產子皮怒之曰禮國之幹也殺有禮禍莫大焉乃止（斂葬伯有爲有禮）於是游吉如晉還聞難不入（懼禍并及難乃旦切）復命于介八月甲子奔晉駟帶追之及酸棗與子上盟用兩珪質于河（子上駟帶也沈珪於河爲信也酸棗陳留縣與子上用兩珪質于河質如字一音致一本作與子上盟絶句用兩珪質于河別爲句沈音鴆又如字）使公孫肸入盟大夫已巳復歸（游吉）

歸也肸許乙切書曰鄭人殺良霄不稱大夫言自外入也既出位絕非復鄭大夫復
音扶又切於子蟜之卒也子蟜公孫蠆卒在十九年蟜居表切將葬公孫揮與裨竈
晨會事焉會葬事揮許韋切過伯有氏其門上生莠子羽曰其莠猶在
乎子羽公孫揮以莠喻伯有伯有侈知其不能久存莠羊九切草也於是歲在降婁降婁中而
旦降婁奎婁也周七月今五月降婁中而天明降戶江切奎苦圭切裨竈指之曰猶可以終歲
十二年而一終降婁也歲星歲不及此次也已不及降婁及其亡也歲在娵訾之
口娵訾營室東壁二十八年歲星淫在玄枵今三十年在娵訾是歲星停在玄枵二年娵子須切訾子斯切壁音壁枵許驕
切其明年乃及降婁僕展從伯有與之皆死僕展鄭大夫伯有黨羽頡出
奔晉為任大夫羽頡馬師頡任晉縣今屬廣平郡任音壬雞澤之會在三年鄭樂成奔
楚遂適晉羽頡因之與之比而事趙文子言伐鄭之說焉以宋
之盟故不可宋盟約弭兵故比毗志切子皮以公孫鉏為馬師鉏子罕之子代羽頡鉏仕
居切○楚公子圍殺大司馬蔿掩而取其室蔿掩二十五年為大司馬申無宇
曰王子必不免無宇芋尹芋于付切善人國之主也王子相楚國將善是

左十九

封殖而虐之是禍國也且司馬令尹之偏偏佐也相息亮切下相之同而王
之四體也倶服肱也絕民之主去身之偏艾王之體以禍其國無不
祥大焉何以得免為昭十三年楚弒靈王傳去起呂切艾魚廢切○為宋災故諸侯之
大夫會以謀歸宋財冬十月叔孫豹會晉趙武齊公孫蠆宋向
戌衛北宮佗佗北宮括之子佗徒河切鄭罕虎虎子皮及小邾之大夫會于澶
淵既而無歸於宋故不書其人君子曰信其不可不慎乎澶淵
之會卿不書不信也夫諸侯之上卿會而不信寵名皆棄不信
之不可也如是寵謂族也不信也夫音扶一讀以夫為下句首詩曰文王陟降在帝左
右信之謂也詩大雅言文王所以能上接天下接人動順帝者唯以信又曰淑慎爾止無載
爾偽不信之謂也逸詩也言當善慎舉止無載行詐偽書曰某人某人會于澶淵
宋災故尤之也傳云既而無歸所以釋諸侯大夫之不書也又云宋災故尤之所以釋向戌之并貶也戌為正
卿深致火災燒殺其夫人未聞克己之意而以求財合諸侯故與不歸財者同文不書魯大夫諱之也
向戌既以災求財諸大夫許而不歸客坐皆貶君子以尊尊之義也君親有隱故略不書魯大夫以示例○鄭子皮

書曰鄭入……人也

於于……也

于盧會……過伯……

其明年乃又……

會晉……大夫……

曰王子必不免……

曰王者入國之主也……

……之四……

……不書……

宋……故……之……也

[illegible]

授子產政伯有死子皮知政以子產賢故讓之辭曰國小而偪偪近大國偪彼力切近附近之近
族大寵多不可爲也爲猶治也子皮曰虎帥以聽誰敢犯子子善相
之國無小言在治政治直吏切小能事大國乃寬爲大所恤故也子產爲政有事
伯石賂與之邑伯石公孫段有事欲使之子大叔曰國皆其國也奚獨賂焉
言鄭大夫共憂鄭國事何爲獨賂之子產曰無欲實難言人不能無欲皆得其欲以從其事
而要其成非我有成其在人乎言成猶在我非在他要一遙切何愛於邑邑將
焉往言猶在國焉於虔切子大叔曰若四國何恐爲四鄰所笑子產曰非相違也
而相從也言賂以邑欲爲和順四國何尤焉鄭書有之鄭國史書曰安定國家
必大焉先先和大族而後國家安姑先安大以待其所歸要其成也既伯石懼
而歸邑卒與之卒終也伯有既死使大史命伯石爲卿辭大史退
則請命焉請大史更命己復命之又辭如是三乃受策入拜子產是以
惡其爲人也惡其虛飾復扶又切三息暫切又如字策初革切惡烏路切使次己位畏其作亂故寵
之子產使都鄙有章國都及邊鄙車服尊卑各有分部分扶運切上下有服公卿大夫服不

相踰田有封洫封疆也洫溝也洫況域切疆居良切廬井有伍廬舍也九夫爲井使五家相保大人
之忠儉者謂卿大夫大人本或作大夫者非從而與之泰侈者因而斃之因其有罪
而斃踣之踣蒲北切豐卷將祭請田焉弗許田獵也卷眷勉切徐居阮切曰唯君用鮮
鮮野獸衆給而已衆臣祭以芻豢爲足芻初俱切豢音患牛羊曰芻犬豕曰豢子張怒子張豐卷退
而徵役召兵欲攻子產子產奔晉子皮止之而逐豐卷豐卷奔晉子產
請其田里請於公不役入三年而復之反其田里及其人焉田里所收入從
政一年輿人誦之曰取我衣冠而褚之褚畜也奢侈者畏法故畜藏褚張呂切畜敕六
切又許六切本又作稸同取我田疇而伍之孰殺子產吾其與之並畔爲疇並蒲杏切
又蒲項切及三年又誦之我有子弟子產誨之我有田疇子產殖之
殖生也殖時力切徐是吏切此協下韻子產而死誰其嗣之嗣續也傳言鄭所以興
經三十有一年春王正月○夏六月辛巳公薨于楚宮公不居先君之
路寢而安所樂失其所也樂音洛又音岳又五教切○秋九月癸巳子野卒不書葬未成君○己
亥仲孫羯卒○冬十月滕子來會葬諸侯會葬非禮○癸酉葬我君襄

公○十有一月莒人弑其君密州不稱弑者主名君無道也〔弑〕申志切
傳三十一年春王正月穆叔至自會澶淵會還見孟孝伯語之曰趙
孟將死矣其語偷不似民主偷苟且〔語〕魚據切下吾語諸同〔偷〕他侯切且年未盈五
十而諄諄焉如八九十者弗能久矣成二年戰於鞌趙朔已死於是趙文子始生至襄三
十年會澶淵蓋年四十七八故言未盈五十〔諄〕徐之閏切或音之純切若趙孟死為政者其韓子
乎韓子韓起吾子盍與季孫言之可以樹善君子也言韓起有君子之德今方知政
可素往立善〔盍〕戶臘切晉君將失政矣若不樹焉使早備魯使韓子早為魯備既
而政在大夫韓子懦弱大夫多貪求欲無厭齊楚未足與之魯
其懼哉孝伯曰人生幾何誰能無偷朝不及夕將安用樹穆叔
出而告人曰孟孫將死矣吾語諸趙孟之偷也而又甚焉言朝不及
夕偷之甚也〔懦〕乃亂切〔厭〕於鹽切〔幾〕居豈切本或作民生無幾何〔朝〕如字又與季孫語晉故如與孟孫言
季孫不從及趙文子卒在昭元年晉公室卑政在侈家韓宣子為政
不能圖諸侯魯不堪晉求讒慝弘多是以有平丘之會平丘會在昭十

三年晉人執季孫意如〔慝〕他得切○齊子尾害閭丘嬰欲殺之使帥師以伐陽
州陽州魯地我問師故魯以師往問齊何故伐我夏五月子尾殺閭丘嬰以說于
我師言伐魯者嬰所為也伐陽州不書不成伐〔說〕音悅工僂灑渻竈孔虺賈寅出奔莒為
四子嬰之黨〔僂〕功侯切〔灑〕所蟹切舊所綺切〔渻〕生領切徐作省所幸切又息井切又音銷〔虺〕許鬼切出羣公子昭
十年欒高之難復羣公子起本〔難〕乃旦切○公作楚宮適楚好其宮歸而作之〔好〕呼報切穆叔曰大
誓云民之所欲天必從之今尚書大誓亦無此文故諸儒疑〔大〕音泰本亦作泰君欲楚也
夫故作其宮若不復適楚必死是宮也六月辛巳公薨于楚宮
叔仲帶竊其拱璧拱璧公大璧〔夫〕音扶〔復〕扶又切〔拱〕九勇切以與御人納諸其懷而
從取之由是得罪得罪謂魯人薄之故子孫不得志於魯立胡女敬歸之子子野胡歸
姓之國敬歸襄公妾次于季氏秋九月癸巳卒毀也過哀毀瘠以致滅性〔瘠〕在亦切己
亥孟孝伯卒終穆叔言立敬歸之娣齊歸之子公子裯齊諡裯昭公名〔娣〕大計切
〔裯〕直由切穆叔不欲曰大子死有母弟則立之無則立長立庶子則以年〔長〕丁
丈切年鈞擇賢義鈞則卜古之道也先人事後卜筮也義鈞謂賢等非適嗣何必

娣之子言子野非適嗣（適）丁歷切且是人也居喪而不哀在慼而有嘉容是
謂不度不度之人鮮不爲患若果立之必爲季氏憂武子不聽
卒立之比及葬三易衰衰衽如故衰言其嬉戲無度（鮮）息淺切（比）必利切（三）如字又息暫
切（衰）本又作縗亦作蓑同七雷切（衽）而甚切徐而鴆切裳下也（嬉）許其切於是昭公十九年矣猶有
童心君子是以知其不能終也爲昭二十五年公孫於齊傳○冬十月滕成公
來會葬惰而多涕惰不敬也（惰）徒卧切（涕）他禮切子服惠伯曰滕君將死矣怠
於其位而哀已甚兆於死所矣有死兆能無從乎爲昭三年滕子卒傳癸酉
葬襄公。公薨之月子產相鄭伯以如晉晉侯以我喪故未之見
也子產使盡壞其館之垣而納車馬焉士文伯讓之曰敝邑以
政刑之不脩寇盜充斥充滿斥見言其多（相）息亮切（盡）子忍切（壞）音怪下同（館）古亂切字從食字林又
云客舍也旁作舍非（垣）音袁牆也（見）賢遍切無若諸侯之屬辱在寡君者何是以令
吏人完客所館館舍也（令）力呈切（完）音丸高其閈閎閎門也（閈）戶旦切說文云閭也汝南平輿縣里
門曰閈沈云閈也（閎）獲耕切杜云門也爾雅云衖門謂之閎是也又云所以止扉謂之閎然爾雅本止扉之名或作閣字讀者

因改左傳皆作閣音合下文云門不容車此云高其閈閎俱謂門耳於義自通無爲穿鑿厚其牆垣以無憂
客使無令客使憂寇盜（使）所吏切今吾子壞之雖從者能戒其若異客何以
敝邑之爲盟主繕完葺牆葺覆也（從）才用切下賓從同（葺）侵入切徐音集又子入切謂以草覆牆
以待賓客若皆毀之其何以共命寡君使匄請命請問毀垣之命（共）音恭（匄）
本又作丐古害切士文伯名也今傳本皆作匄字或作正字釋例亦然解者云士文伯是范氏之族不應與范宣子同名作
是也案士文伯字伯瑕又春秋時人名字皆相配楚令尹陽匄字子瑕即與文伯名字正同又鄭有駟乞字子瑕匄與乞義同
則作匄者是又案魯有仲嬰齊是莊公之孫又有公孫嬰齊是文公之孫仲嬰齊於公孫嬰齊爲從祖同時同名鄭有公孫段字子
石又云伯石印段字伯石傳又謂之二子石然印段即公孫段從父兄弟之子尚同名字伯瑕與宣子何癈同乎對曰
以敝邑褊小介於大國介間也（褊）必淺切（介）音界誅求無時誅責也是以不敢
寧居悉索敝賦以來會時事隨時來朝會（索）所白切又悉各切逢執事之不閒
而未得見又不獲聞命未知見時不敢輸幣亦不敢暴露其輸
之則君之府實也非薦陳之不敢輸也薦陳猶獻見也（閒）音閑（見）賢遍切下同（暴）步卜
切其暴露之則恐燥濕之不時而朽蠹以重敝邑之罪僑聞文

公之為盟主也僑子產名文公晉重耳燥素早切蠹丁故切蠹敗也重直用切及下重罪同驕其驕切重耳直龍切宮室卑庳無觀臺榭以崇大諸侯之館館如公寢庫廐繕脩司空以時平易道路易治也庳音婢亦音卑觀古亂切榭音謝本亦作謝土高曰臺有木曰榭廐九又切易以豉切圬人以時塓館宮室圬人塗者塓塗也圬本作杇同音烏塓莫歷切諸侯賓至甸設庭燎庭燎設火於庭甸徒遍切燎力妙切徐力遥切又力弔切庭燎大燭僕人巡宮巡宮行夜行下孟切下巡行同車馬有所有所處賓從有代代客役巾車脂轄巾車主車之官巾如字劉昌宗周禮音居觀切轄戶瞎切隸人牧圉各瞻其事瞻視客所當得瞻之廉切百官之屬各展其物展陳也謂羣官各陳其物以待賓公不留賓而亦無廢事賓得速去則事不廢憂樂同之事則巡之巡行也樂音洛教其不知而恤其不足賓至如歸無寧菑患言見遇如此寧當復有菑患邪無寧寧也菑音災復扶又切不畏寇盜而亦不患燥濕今銅鞮之宮數里銅鞮晉離宮鞮丁兮切數所主切而諸侯舍於隸人舍如隸人舍門不容車而不可踰越門庭之內迫迮又有牆垣之限迮側百切盜賊公行而天癘不戒癘猶災也言水潦無時潦音老賓見無時命不可知若又勿壞是無所藏

幣以重罪也敢請執事將何所命之問晉命己所止之宜見賢遍切雖君之有魯喪亦敝邑之憂也言鄭與魯亦有同姓之憂若獲薦幣薦進也脩垣而行行去也君之惠也敢憚勤勞文伯復命反命於晉君趙文子曰信信如子產言我實不德而以隸人之垣以贏諸侯贏受也贏音盈是吾罪也使士文伯謝不敏焉晉侯見鄭伯有加禮禮加敬厚其宴好而歸之乃築諸侯之館叔向曰辭之不可以已也如是夫子產有辭諸侯賴之君之何其釋辭也詩曰辭之輯矣民之協矣辭之繹矣民之莫矣詩大雅言辭輯睦則民協同辭說繹則民安定莫猶定也夫音扶讀者亦以夫為下句首輯音集又七入切繹又作懌音亦其知之矣謂詩人知辭之有益○鄭子皮使印段如楚以適晉告禮也得事大國之禮○莒犂比公生去疾及展輿犂比莒子密州之號既立展輿立以為世子又廢之犂比公虐國人患之十一月展輿因國人以攻莒子弑之乃立展輿立為君弑音試本或作乃自立者誤去疾奔齊齊出也母齊女也展輿吳出也為明年奔吳傳書曰莒人弑其君買朱鉏買朱鉏密州之字鉏仕居切言罪之在也罪在

鉏也傳始例申明君臣書弒今者父子故復重明例復扶又切重直用切○吳子使屈狐庸聘于晉
狐庸巫臣之子也成七年通吳晉吳為行人屈君勿切狐音胡通路也通吳晉之路趙文子問焉曰延
州來季子其果立乎延州來季札邑巢隕諸樊在二十五年隕于敏切閽戕戴吳
在二十九年戴吳餘祭閽音昏戕在良切祭側界切天似啓之何如對曰不立是二王之
命也非啓季子也若天所啓其在今嗣君乎嗣君謂夷末甚德而度
德不失民民歸德度不失事審事情民親而事有序其天所啓也有
吳國者必此君之子孫實終之季子守節者也雖有國不立言其
三兄雖欲傳國與之終不肯立傳直專切○十二月北宮文子相衛襄公以如楚文子
北宮佗襄公獻公子相息亮切宋之盟故也晉楚之從交相見也過鄭印段廷勞于棐林
如聘禮而以勞辭用聘禮而用郊勞之辭過五禾切廷于況切勞力報切棐芳尾切本又作斐文子
入聘報印段子羽為行人馮簡子與子大叔逆客逆文子事畢而出
言於衛侯曰鄭有禮其數世之福也其無大國之討乎詩云誰
能執熱逝不以濯詩大雅濯以水濯手數所主切濯直角切禮之於政如熱之有濯
也濯以救熱何患之有此以上文子辭上時掌切子產之從政也擇能而使
之馮簡子能斷大事子大叔美秀而文其貌美其才秀斷丁亂切公孫揮能
知四國之為知諸侯所欲為而辨於其大夫之族姓班位貴賤能否而
又善為辭令裨諶能謀謀於野則獲得所謀也裨婢支切諶市林切謀於邑則
否此才性之敝鄭國將有諸侯之事子產乃問四國之為於子羽且
使多為辭令與裨諶乘以適野使謀可否而告馮簡子使斷之
事成乃授子大叔使行之以應對賓客是以鮮有敗事北宮文
子所謂有禮也傳跡子產行事以明北宮文子之言乘繩證切鮮息淺切○鄭人游于鄉校
鄉之學校校戶孝切鄭國謂學為校以論執政論其得失然明謂子產曰毀鄉校如何
患人於中謗議國政謗布浪切子產曰何為夫人朝夕退而游焉以議執政之
善否其所善者吾則行之其所惡者吾則改之是吾師也若之
何毀之我聞忠善以損怨為忠善則怨謗息夫音扶朝直遙切舊如字惡烏路切又如字不聞
作威以防怨欲毀鄉校即作威豈不遽止然猶防川遽畏懼也遽其據切大決所

犯傷人必多吾不克救也不如小決使道道通也道音道不如吾聞而
藥之也以爲己藥石然明曰蔑也今而後知吾子之信可事也小人
實不才若果行此其鄭國實賴之豈唯二三臣仲尼聞是語也
曰以是觀之人謂子產不仁吾不信也仲尼以二十二年生於是十歲長而後聞之長
丁丈切○子皮欲使尹何爲邑爲邑大夫子產曰少未知可否尹何年少少詩
照切子皮曰愿吾愛之不吾叛也愿謹善也愿音願使夫往而學焉夫亦
愈知治矣夫謂尹何治直吏切下注之治同子產曰不可人之愛人求利之也
今吾子愛人則以政以政與之猶未能操刀而使割也其傷實多多自
傷操七刀切其傷實多一本作其傷多子之愛人傷之而已其誰敢求愛於子子
於鄭國棟也棟折榱崩僑將厭焉敢不盡言子有美錦不使人
學製焉製裁也棟丁弄切榱所追切椽也厭本又作壓於甲切徐於輒切製音制大官大邑身之所
庇也而使學者製焉其爲美錦不亦多乎言官邑之重多於美錦庇必利切又音秘
僑聞學而後入政未聞以政學者也若果行此必有所害譬如

田獵射御貫則能獲禽貫習也貫古亂切若未嘗登車射御則敗績厭
覆是懼何暇思獲子皮曰善哉虎不敏吾聞君子務知大者遠
者小人務知小者近者我小人也衣服附在吾身我知而慎之
大官大邑所以庇身也我遠而慢之慢易也覆芳服切易以豉切微子之言
吾不知也他日我曰子爲鄭國我爲吾家以庇焉其可也今而
後知不足自知謀慮不足謀其家自今請雖吾家聽子而行子產曰人心
之不同如其面焉吾豈敢謂子面如吾面乎抑心所謂危亦以
告也子皮以爲忠故委政焉子產是以能爲鄭國傳言子產之治乃子皮之
力○衛侯在楚北宮文子見令尹圍之威儀言於衛侯曰令尹
似君矣將有他志言語瞻視行步不常雖獲其志不能終也詩云靡不有
初鮮克有終終之實難令尹其將不免公曰子何以知之對曰
詩云敬慎威儀惟民之則令尹無威儀民無則焉民所不則以
在民上不可以終公曰善哉何謂威儀對曰有威而可畏謂之

威有儀而可象謂之儀君有君之威儀其臣畏而愛之則而象之故能有其國家令聞長世臣有臣之威儀其下畏而愛之故能守其官職保族宜家順是以下皆如是是以上下能相固也衛詩曰威儀棣棣不可選也詩邶風棣棣富而閑也選數也息淺切〔閑〕音問本亦作問衛詩邶風刺衛頃公故曰衛詩〔棣〕本又作逮直計切〔選〕息兗切〔數〕所主切下同言君臣上下父子兄弟內外大小皆有威儀也周詩曰朋友攸攝攝以威儀詩大雅攸所也攝佐也言朋友之道必相教訓以威儀也周書數文王之德逸書曰大國畏其力小國懷其德言畏而愛之也詩云不識不知順帝之則言則而象之也大雅又言文王行事無所斟酌唯在則象上天〔斟〕之林切紂囚文王七年諸侯皆從之囚紂於是乎懼而歸之可謂愛之文王伐崇再駕而降爲臣文王聞崇德亂而伐之三旬不降退脩教而復伐之因壘而降〔降〕戶江切〔復〕扶又切蠻夷帥服可謂畏之文王之功天下誦而歌舞之可謂則之文王之行至今爲法可謂象之有威儀也故君子在位可畏施舍可愛進退可度周旋可則容止可觀作事可法德行可象聲氣可樂動作有文言語有章以臨其下謂之有威儀也〔行〕下孟切〔樂〕音洛又音岳

春秋左氏傳卷第十九

春秋經傳集解昭元第二十（昭公名裯襄公子母齊歸在位二十五年遜于齊在外八年凡三十二年薨于乾侯謚法威儀恭明曰昭）

杜氏　盡三年

經元年春王正月公即位（無傳）○叔孫豹會晉趙武楚公子圍齊國弱宋向戌衛齊惡陳公子招蔡公孫歸生鄭罕虎許人曹人于虢（招實陳侯母弟不稱弟者義與莊二十五年公子友同今讀舊書則楚當先晉而先書趙武者亦取宋盟貴武之信故尚之也衛在陳蔡上先至於會招常遙切虢瓜百切先悉薦切）○三月取鄆（不稱將帥將卑師少書取言易也鄆音運將子匠切帥所類切易以豉切）○夏秦伯之弟鍼出奔晉（稱弟罪秦伯鍼其廉切）○六月丁巳邾子華卒（無傳三同盟）○晉荀吳帥師敗狄于大鹵（大鹵大原晉陽縣大如字徐音泰鹵音魯穀梁傳云中國曰大原夷狄曰大鹵）○秋莒去疾自齊入于莒（國逆而立之曰入去起呂切）○莒展輿出奔吳（展輿弑君賊未會諸侯故不稱爵莒展輿出奔吳一本作莒展出奔吳）○叔弓帥師疆鄆田（春取鄆今正其封疆疆居良切注同）○葬邾悼公（無傳）○冬十有一月己酉楚子麇卒（楚以瘧疾赴故不書弑麇九倫切瘧音虐弑申志切弑作殺音同）○楚公子比出奔晉（書名罪之）

傳元年春楚公子圍聘于鄭且娶於公孫段氏伍舉爲介（伍舉椒舉介副也娶七住切介音界）將入館（就客舍）鄭人惡之（知楚懷詐惡烏路切）使行人子羽與之言乃館於外（舍城外）既聘將以衆逆（以兵入逆婦）子產患之使子羽辭曰以敝邑褊小不足以容從者請墠聽命（欲於城外除地爲墠行昏禮褊必淺切從才用切墠音善）令尹命大宰伯州犂對曰君辱貺寡大夫圍謂圍將使豐氏撫有而室（豐氏公孫段貺音況）圍布几筵告於莊共之廟而來（莊王圍之祖共王圍之父几本亦作机筵音延共音恭）若野賜之是委君貺於草莽也是寡大夫不得列於諸卿也（言不得從卿禮莽莫蕩切）不寧唯是又使圍蒙其先君（蒙欺也告先君而來不得成禮於女氏之廟故以爲欺先君）將不得爲寡君老（大臣稱老懼辱命而黜退）其蔑以復矣唯大夫圖之子羽曰小國無罪恃實其罪（恃大國而無備則是罪）將恃大國之安靖己而無乃包藏禍心以圖之小國失恃而懲諸侯使莫不憾者距違君命而有所壅塞不行是懼（言己

失所恃則諸侯懟恨以距君命壅塞不行所懼唯此〔懟〕直升切〔憾〕戶暗切〔壅〕本又作雍於勇切）不然敝邑館人之屬也（館人守舍人也）其敢愛豐氏之祧（祧遠祖廟〔祧〕他彫切）伍舉知其有備也請垂櫜而入（垂櫜示無弓〔櫜〕刀切）許之正月乙未入逆而出遂會於虢（虢鄭地）尋宋之盟也（宋盟在襄二十七年）祁午謂趙文子曰宋之盟楚人得志於晉（得志謂先歃午祁奚子〔歃〕所給切）今令尹之不信諸侯之所聞也子弗戒懼又如宋（恐楚復得志〔復〕扶又切下雖復同）子木之信稱於諸侯猶詐晉而駕焉（駕猶陵也詐謂衷甲〔駕〕如字又音大下同〔衷〕音忠）況不信之尤者乎（尤甚也）楚重得志於晉晉之恥也子相晉國以為盟主於今七年矣（襄二十五年始為政以春言故云七〔重〕直用切〔相〕息亮）再合諸侯（襄二十五年會夷儀二十六年會澶淵）三合大夫（襄二十七年會于宋三十年會澶淵及今會虢也）服齊狄寧東夏（襄二十八年齊侯白狄朝晉〔夏〕戶雅切）平秦亂（襄二十六年秦晉為成）城淳于（襄二十九年城杞之淳于杞遷都〔淳〕音純）師徒不頓國家不罷民無謗讟（讟誹也〔罷〕音皮〔讟〕音獨〔誹〕芳畏切）諸侯無怨天無大烖子之力也有令名矣而終之以恥午也是懼吾子其不可以不戒文

子曰武受賜矣（言受午）怨宋之盟子木有禍人之心武有仁人之心是楚所以駕於晉也今武猶是心也楚又行僭（僭不信〔僭〕子念切）非所害也武將信以為本循而行之譬如農夫是穮是蔉（穮耘也壅苗為蔉〔穮〕彼驕切〔蔉〕古本切〔耘〕音云除草也）雖有饑饉必有豐年（言耕鉏不以水旱息必穫豐年之收〔饉〕其靳切〔鉏〕仕居切〔收〕手又切又如字）且吾聞之能信不為人下吾未能也（自恐未能信也）詩曰不僭不賊鮮不為則信也（詩大雅僭不信賊害人也〔鮮〕息淺切）能為人則者不為人下矣吾不能是難楚不為患楚令尹圍請用牲讀舊書加于牲上而已（舊書宋之盟書恐晉先歃故欲從舊書加于牲上不歃血經義以不書盟〔難〕乃旦切下注同）晉人許之三月甲辰盟楚公子圍設服離衛（設君服二人執戈陳於前以自衛離陳也）叔孫穆子曰楚公子美矣君哉（美服似君）鄭子皮曰二執戈者前矣（禮國君行有二執戈者在前）蔡子家曰蒲宮有前不亦可乎（公子圍在會特緝蒲為王殿屋屏蔽以自殊異言既造王宮而居之雖服君服無所怪也〔緝〕七入切）楚伯州犁曰此行也辭而假之寡君（聞諸大夫譏之故言假以飾令尹過）鄭行人揮曰假不反矣（言將遂為君）伯

州犂曰子姑憂子晳之欲背誕也襄三十年鄭子晳殺伯有背命放誕將爲國難言子且自
憂此無爲憂令尹不反戈背音佩誕音但子羽曰當璧猶在假而不反子其無憂乎
子羽行人揮當璧謂棄疾事在昭十三年言棄疾有當璧之命圍雖取國猶將有難不無憂也齊國子曰吾代
二子愍矣國子國弱也二子謂王子圍及伯州犂此冬便篡位不能自終州犂亦尋爲圍所殺故言可愍篡初患
切陳公子招曰不憂何成二子樂矣言以憂生事事成而樂樂音洛下樂憂而樂並同
衛齊子曰苟或知之雖憂何害齊子齊惡言先知爲備雖有憂難無所損害宋合左
師曰大國令小國共吾知共而已共承大國命不能知其禍福共音恭下及注同晉樂
王鮒曰小旻之卒章善矣吾從之小旻詩小雅其卒章義取非唯暴虎馮河之可畏也不敬
小人亦殆王鮒從斯義故不敢譏議公子圍鮒音附旻亡巾切馮皮冰切退會子羽謂子皮曰叔
孫絞而婉絞切也譏其似君反謂之美故曰婉絞古卯切婉紆阮切宋左師簡而禮無所臧否故曰
簡共事大國故曰禮否悲矣切舊方九切樂王鮒字而敬字愛也不犯凶人所以自愛敬子與子家
持之子子皮子家蔡公孫歸生持之言無所取與持如字本或作持誤皆保世之主也齊衛陳
大夫其不免乎國子代人憂子招樂憂齊子雖憂弗害夫弗及

而憂與可憂而樂與憂而弗害皆取憂之道也憂必及之大誓
曰民之所欲天必從之逸書三大夫兆憂憂能無至乎關憂兆也言以
知物其是之謂矣物類也察言以知禍福之類八年陳招殺大子國弱齊惡當身各無患當丁浪切○
季武子伐莒取鄆兵未加莒而鄆服故書取而不言伐莒人告於會楚告於晉曰
尋盟未退尋弭兵之盟而魯伐莒瀆齊盟瀆慢也瀆徒木切請戮其使時叔孫豹
在會欲戮之使所吏切下注其使出使下召使同樂桓子相趙文子桓子樂王鮒相佐也相息亮切欲
求貨於叔孫而爲之請使請帶焉難指求貨故以帶爲辭爲于僞切及下注爲諸同弗
與梁其踁曰貨以藩身子何愛焉踁叔孫家臣踁古定切藩方元切叔孫曰諸
侯之會衛社稷也我以貨免魯必受師言不戮其使必伐其國是禍之也
何衛之爲人之有牆以蔽惡也諭己爲國衛如牆爲人蔽牆之隙壞誰之咎
也咎在牆隙去逆切咎其九切衛而惡之吾又甚焉罪甚牆雖怨季孫魯國何
罪怨季孫之伐莒叔出季處有自來矣吾又誰怨季孫守國叔孫出使所從來久今過此戮
無所怨也然鮒也賄弗與不已召使者裂裳帛而與之曰帶其褊矣

[illegible]

（言帶褊盡故裂裳示不相逆賄呼罪切）趙孟聞之曰臨患不忘國忠也（謂言魯國何罪）思難不越官信也（謂言叔出季處難乃旦切下同）圖國忘死貞也（謂不以賄免）謀主三者義也（三者忠信貞）有是四者又可戮乎（并義而四）乃請諸楚曰魯雖有罪其執事不辟難（執事謂叔孫）畏威而敬命矣（謂不敢辟戮）子若免之以勸左右可也若子之羣吏處不辟汙（汙勞事汙音烏）出不逃難（不苟免）其何患之有患之所生汙而不治難而不守所由來也能是二者又何患焉不靖其能其誰從之（安靖賢能則衆附從）魯叔孫豹可謂能矣請免之以靖能者子會而赦有罪（不伐魯）又賞其賢（赦叔孫）諸侯其誰不欣焉望楚而歸之視遠如邇疆場之邑一彼一此何常之有（言今疆場無定主疆居良切下同場音亦）王伯之令也（言三王五伯有令德時）引其封疆（引正也正封界）而樹之官（樹立也立官以守國）舉之表旗（旌旗以表貴賤旗音其）而著之制（爲諸侯作制度法令使不得相侵犯）過則有刑猶不可壹於是乎虞有三苗（三苗饕餮放三危者饕吐刀切餮吐結切）夏有觀扈（觀國今頓丘衛縣扈在始平鄠縣書序曰啓與有扈戰于甘之野夏

戶雅切觀音館舊音官扈音戶鄠音戶）商有姺邳（二國商諸侯邳今下邳縣姺西典切又西禮切邳皮悲切）周有徐奄（二國皆嬴姓書序曰成王伐淮夷遂踐奄徐即淮夷嬴音盈）自無令王諸侯逐進（逐猶競也）狎主齊盟其又可壹乎（疆弱無常故更主盟狎戶甲切更音庚）恤大舍小足以爲盟主（大謂篡弒滅亡之禍）又焉用之（焉用治小事焉於虔切）封疆之削何國蔑有主齊盟者誰能辯焉（辯治也）吳濮有釁楚之執事豈其顧盟（吳在東濮在南今建寧郡南有濮夷釁過也濮音卜釁許靳切）莒之疆事楚勿與知諸侯無煩不亦可乎莒魯爭鄆爲日久矣苟無大害於其社稷無可亢也（亢禦與音預亢苦浪切徐又音剛禦魚呂切）去煩宥善莫不競勸子其圖之固請諸楚楚人許之乃免叔孫（去起呂切）○令尹享趙孟賦大明之首章（大明詩大雅首章言文王明明照於下故能赫赫盛於上令尹意在首章故稱首章以自光大）趙孟賦小宛之二章（小宛詩小雅二章取其各敬爾儀天命不又言天命一去不可復還以戒令尹宛紆阮切復扶又切）事畢趙孟謂叔向曰令尹自以爲王矣何如（問將能成否）對曰王弱令尹彊其可哉（言可成）雖可不終趙孟曰何故對曰彊以克弱而安之彊不義也

安於勝君是彊而不義不義而彊其斃必速詩曰赫赫宗周褒姒滅之彊不義也（詩小雅褒姒周幽王后幽王惑焉而行不義遂至滅亡言雖赫赫盛彊不義足以滅之姒音似滅如字詩作烕音呼況切）令尹為王必求諸侯晉少懦矣（懦弱也懦乃亂切）諸侯將往若獲諸侯其虐滋甚（滋益也）民弗堪也將何以終夫以彊取（取不以道）不義而克必以為道（以不義為道）道以淫虐弗可久已矣（為十三年楚弑靈王傳）

夏四月趙孟叔孫豹曹大夫入于鄭（會罷過鄭過古禾切）鄭伯兼享之子皮戒趙孟（戒享期）禮終趙孟賦瓠葉（受所戒禮畢而賦詩瓠葉詩小雅義取古人不以微薄廢禮雖瓠葉兔首猶與賓客享之瓠戶故切享許丈切又普庚切）子皮遂戒穆叔且告之（告以趙孟賦瓠葉）穆叔曰趙孟欲一獻（瓠葉詩義取薄物而以獻酬知欲一獻）子其從之子皮曰敢乎（言不敢）穆叔曰夫人之所欲也又何不敢（夫人趙孟夫音扶）及享具五獻之籩豆於幕下（朝聘之制大國之卿五獻籩武博切）趙孟辭（趙孟自以今非聘鄭故辭五獻）私於子產（私語）曰武請於冢宰矣（冢宰謂子皮請賦瓠葉）乃用一獻趙孟為客禮終乃宴（卿會公侯享宴皆折俎不體薦折徐之設切）穆叔賦鵲巢（鵲巢詩召南言鵲有巢而鳩居之喻晉君有國趙孟治之）趙孟曰武不堪也又賦采蘩（亦詩召南義取蘩菜薄物可以薦公侯享其信不求其厚蘩音煩）曰小國為蘩大國省穡而用之其何實非命（穆叔言小國微薄猶蘩菜大國能省愛用之而不棄則何敢不從命穡愛也省所景切徐所幸切）子皮賦野有死麕之卒章（野有死麕詩召南卒章曰舒而脫脫兮無感我帨兮無使尨也吠脫脫安徐帨佩巾義取君子徐以禮來無使我失節而使狗驚吠喻趙孟以義撫諸侯無以非禮相加陵麕亦作麏九倫切脫吐外切帨始銳切尨武江切吠扶廢切）趙孟賦常棣（常棣詩小雅取其凡今之人莫如兄弟言欲親兄弟之國棣直計切）且曰吾兄弟比以安尨也可使無吠（受子皮之詩比毗志切下注德比同）穆叔子皮及曹大夫興拜（三大夫皆兄弟國興起也）舉兕爵曰小國賴子知免於戾矣（兕爵所以罰不敬言小國蒙趙孟德比以安自知免此罰戮兕徐履切戾力計切下同）飲酒樂趙孟出曰吾不復此矣（不復見北樂樂音洛復扶又切下復年同）

○天王使劉定公勞趙孟於潁館於雒汭（王周景王定公劉夏潁水出陽城縣雒汭在河南鞏縣南水曲流為汭勞力報切下以勞同潁營井切汭如銳切夏戶雅切）劉子曰美哉禹功（見河雒而思禹功）明德遠矣微禹吾其魚乎吾與子弁冕端委以治民臨諸侯禹之力也（弁冕冠也端委禮衣言今得共服冠冕有國家

者皆由禹之力弁冕端委本亦作弁端委子盍亦遠績禹功而大庇民乎勸趙孟使纂禹功盍
戶臘切遠績禹功本或作遠續功庇必利切對曰老夫罪戾是懼焉能恤遠吾儕偷
食朝不謀夕何其長也言欲苟免目前不能念長久爲於僞切劉子歸以語王曰
諺所謂老將至而耄及之者八十曰耄耄亂也其趙孟之謂乎爲晉正
卿以主諸侯而儕於隸人朝不謀夕言其自比於賤人而無恤民之心棄神人矣
民爲神主不恤民故神人皆去神怒民叛何以能久趙孟不復年矣言將死不復見明年
神怒不歆其祀民叛不即其事祀事不從又何以年爲此冬趙孟卒起本○
叔孫歸虢會歸曾夭御季孫以勞之旦及日中不出悵季孫戕者使己幾被戮
夭於兆切蘄音祈曾夭請曾阜曾阜叔孫家臣曰旦及日中吾知罪矣魯以相
忍爲國也忍其外不忍其內焉用之欲受楚戮是忍其外日中不出是不忍其內阜
曰數月於外言叔孫勞役在外數月數所主切一旦於是庸何傷賈而欲贏而
惡囂乎言譬如商賈求贏利者不得惡諠譁之聲賈音古贏音盈注同惡烏路切下同囂許驕切徐五高切諠或作讙
呼端切阜謂叔孫曰可以出矣叔孫指楹曰雖惡是其可去乎乃

出見之楹柱也以諭魯有季孫猶屋有柱楹音盈去起呂切○鄭徐吾犯之妹美犯鄭大夫公
孫楚聘之矣楚子南穆公孫公孫黑又使強委禽焉禽鴈也納采用鴈強其丈切犯
懼告子產子產曰是國無政非子之患也唯所欲與犯請於二
子請使女擇焉皆許之子晳盛飾入布幣而出布陳贄幣子晳公孫黑贄音至
子南戎服入左右射超乘而出女自房觀之曰子晳信美矣抑
子南夫也言丈夫乘繩證切夫夫婦婦所謂順也適子南氏子晳怒既
而櫜甲以見子南欲殺之而取其妻子南知之執戈逐之及衝
擊之以戈衝郊道櫜古刀切本或作櫜丁隆切衝尺容切子晳傷而歸告大夫曰我好
見之不知其有異志也故傷大夫皆謀之子產曰直鈞幼賤有
罪罪在楚也先聘子南直也子南用戈子晳直也子產力未能討故鈞其事歸罪於楚於如字又呼報切直鈞絶句
乃執子南而數之曰國之大節有五女皆奸之奸犯也女音汝下同奸音干
畏君之威聽其政尊其貴事其長養其親五者所以爲國也今
君在國女用兵焉不畏威也奸國之紀不聽政也奸國之紀謂傷人長丁丈

切【畜】如字子晳上大夫女嬖大夫而弗下之不尊貴也幼而不忌不
事長也忌畏也【嬖】必計切【下】戶嫁切兵其從兄不養親也君曰余不女忍殺
宥女以遠勉速行乎無重而罪五月庚辰鄭放游楚於吳將行
子南子產咨於大叔大叔游楚之兄子【從】如字又才用切【重】直用切又直勇切大叔曰吉不
能亢身焉能亢宗亢蔽也【亢】苦浪切彼國政也非私難也子圖鄭國利
則行之又何疑焉周公殺管叔而蔡蔡叔蔡放也【難】乃旦切而蔡蔡叔上蔡字音素
葛切說文作⿱殺米音同字從殺下米云⿰米殺⿱殺米散之也會杜義下蔡叔如字夫豈不愛王室故也吉若
獲戾子將行之何有於諸游爲二年鄭殺公孫黑傳【夫】音扶〇秦后子有寵於
桓如二君於景后子秦桓公子景公母弟鍼也其權寵如兩君其母曰弗去懼選選數也恐
景公數其罪而加戮【選】息轉切徐素短切下同【數】所主切下數世同癸卯鍼適晉其車千乘書曰
秦伯之弟鍼出奔晉罪秦伯也罪失教【乘】繩證切后子享晉侯爲晉侯設享禮
【爲】于僞切造舟于河造舟爲梁通秦晉之道【造】七報切李巡注爾雅云比其舡而度也郭云併舟爲橋十里
舍車一舍八乘爲八反之備自雍及絳雍絳相去千里用車八百乘【雍】於用切歸取酬幣備九

獻之儀始禮自齎其一故續送其八酬酒幣【齎】子兮切本又作賫同終事八反每十里以八乘車各以次載幣相授
而還不徑至故言八反千里用車八百乘其二百乘以自隨故言千乘傳言秦鍼之出極奢富以成禮欲盡敬於所赴【還】音旋
【徑】古定切司馬侯問焉曰子之車盡於此而已乎對曰此之謂多矣
若能少此吾何以得見言己坐車多故出奔【見】賢遍切【坐】才卧切女叔齊以告公叔齊
司馬侯【女】音汝且曰秦公子必歸臣聞君子能知其過必有令圖令圖
天所贊也后子見趙孟趙孟曰吾子其曷歸問何時當歸對曰鍼懼
選於寡君是以在此將待嗣君趙孟曰秦君何如對曰無道趙
孟曰亡乎對曰何爲一世無道國未艾也艾絶也【艾】魚廢切國於天地
有與立焉言欲輔助之者多不數世淫弗能斃也趙孟曰天乎對曰有
焉趙孟曰其幾何對曰鍼聞之國無道而年穀和熟天贊之也
贊佐助也【幾】居豈切鮮不五稔鮮少也少尚當歷五年多則不啻【稔】而甚切【啻】始豉切趙孟視蔭曰
朝夕不相及誰能待五蔭日景也趙孟意衰以日景自喻故言朝夕不相及誰能待五【蔭】於金切本亦
作陰【朝】【夕】如字【景】如字又於領切后子出而告人曰趙孟將死矣主民翫歲而

愒日（翫愒皆貪也〔翫〕五喚切説文云翫習厭也字又作忨〔愒〕苦蓋切）其與幾何（言不能久〔與〕如字又音預）○鄭爲游楚亂故（游楚子南〔爲〕于僞切）六月丁巳鄭伯及其大夫盟于公孫段氏罕虎公孫僑公孫段印段游吉駟帶私盟于閨門之外實薰隧（閨門鄭城門薰隧門外道名實之者爲明年子產數子晳罪稱薰隧盟起本〔閨〕音圭〔薰〕許云切〔隧〕音遂〔數〕色主切又色具切）公孫黑強與於盟使大史書其名且曰七子（自欲同於六卿故曰七子〔強〕其丈切〔與〕音預）子產弗討（子晳強討之恐亂國）○晉中行穆子敗無終及羣狄于大原（即大鹵也無終山戎〔大〕音泰）崇卒也（崇聚也〔卒〕子忽切）將戰魏舒曰彼徒我車所遇又阨（地險不便車〔阨〕本又作隘於懈切〔便〕婢面切）以什共車必克（更增十人以當一車之用〔什〕音十〔共〕音恭）困諸阨又克（車每困於阨道今去車故爲必克〔去〕起呂切）請皆卒（去車爲步卒）自我始乃毀車以爲行（魏舒先自毀其屬車爲步陳〔行〕戶郎切〔陳〕直覲切下五陳未陳同）五乘爲三伍（乘車者車三人五乘十五人今改去車更以五人爲伍分爲三伍〔乘〕繩證切）荀吳之嬖人不肯即卒斬以徇（魏舒輒斬之荀吳不恨所以能立功〔徇〕辭俊切）爲五陳以相離兩於前伍於後專爲右角參爲左角偏爲前拒（皆臨時處置之名〔拒〕九甫切）以誘之

八　左二十

翟人笑之（笑其失常）未陳而薄之大敗之（傳言荀吳能用善謀）○莒展輿立而奪羣公子秩公子召去疾于齊秋齊公子鉏納去疾（齊納去疾莒人先召之故從國逆例書入去疾奔齊在襄三十一年）展輿奔吳（吳外孫）○叔弓帥師疆鄆田因莒亂也（此春取鄆今正其疆界〔疆〕居良切）於是莒務婁瞀胡及公子滅明以大厖與常儀靡奔齊（三子展輿黨大厖常儀靡莒二邑〔務〕〔婁〕並如字務又音謀一音無〔瞀〕徐音茂一音謀〔厖〕武江切）君子曰莒展之不立棄人也夫（奪羣公子秩是棄人〔夫〕音扶）人可棄乎詩曰無競維人善矣（詩周頌言惟得人則國家彊）○晉侯有疾鄭伯使公孫僑如晉聘且問疾叔向問焉曰寡君之疾病卜人曰實沈臺駘爲祟史莫之知敢問此何神也子產曰昔高辛氏有二子伯曰閼伯季曰實沈（高辛帝嚳〔駘〕他才切〔祟〕息遂切〔閼〕於葛切〔嚳〕苦毒切）居于曠林不相能也（曠林地闕〔能〕如字又奴代切）日尋干戈以相征討（尋用也）后帝不臧（后帝堯也臧善也）遷閼伯于商丘主辰（商丘宋地主祀辰星辰大火也）商人是因故辰爲商星（商人湯先相土封商丘因閼伯故國祀辰星〔相〕息亮切）遷實沈于大夏主參（大夏今晉陽縣〔夏〕戶雅切〔參〕所

林

唐人是因以服事夏商（唐人若劉累之等累遷魯縣此在大夏）其季世曰唐叔虞（唐人之季世其君曰叔虞）當武王邑姜方震大叔（邑姜武王后齊大公之女懷胎爲震大叔成王之弟叔虞震本又作娠之愼切又音申大音泰胎他來切）夢帝謂己余命而子曰虞（帝天取唐君之名）將與之唐屬諸參而蕃育其子孫及生有文在其手曰虞遂以命之及成王滅唐而封大叔焉故參爲晉星（叔虞封唐是爲晉侯屬之玉切蕃音煩叔虞封唐是爲晉侯案史記叔虞封唐侯叔虞之子燮父改爲晉侯）由是觀之則實沈參神也昔金天氏有裔子曰昧爲玄冥師生允格臺駘（金天氏帝少皡裔遠也玄冥水官昧爲水官之長裔以制切昧音妹少詩照切皡戶老切長丁丈切下殖長同）臺駘能業其官（纂昧之業纂子管切）宣汾洮（宣猶通也汾洮二水名汾扶云切洮他刀切）障大澤（陂障之障之尚切又音章陂彼皮切）以處大原（大原晉陽也臺駘之所居）帝用嘉之封諸汾川（帝顓頊顓音專頊許玉切）沈姒蓐黃實守其祀（四國臺駘之後沈音審姒音似）今晉主汾而滅之矣（滅四國）由是觀之則臺駘汾神也抑此二者不及君身山川之神則水旱癘疫之災於是乎禜之（有水旱之災則禜祭山川之神若臺駘者周禮四曰禜祭爲營攢用幣以祈福祥癘音例疫音役禜音詠徐又音營攢子官切）日月星辰之神則雪霜風雨之不時於是乎禜之（星辰之神若實沈者）若君身則亦出入飲食哀樂之事也山川星辰之神又何爲焉（言實沈臺駘不爲君疾樂音洛）僑聞之君子有四時朝以聽政（聽國政朝如字）晝以訪問（問可否）夕以脩令（念所施）夜以安身於是乎節宣其氣（宣散也）勿使有所壅閉湫底以露其體（湫集也底滯也露羸也壹之則血氣集滯而體羸露壅於勇切湫子小切徐音秋又在酒切服云著也底丁禮切服云止也羸劣危切）玆心不爽而昏亂百度（玆此也爽明也百度百事之節）今無乃壹之（同四時也）則生疾矣僑又聞之內官不及同姓（內官嬪御嬪婢人切）其生不殖（殖長也）美先盡矣則相生疾（同姓之相與先美矣美極則盡盡則生疾）君子是以惡之故志曰買妾不知其姓則卜之違此二者古之所愼也（壹四時取同姓二者古人所愼惡如字又烏路切取七住切）男女辨姓禮之大司也（辨別也別彼列切）今君內實有四姬焉（同姓姬四人）其無乃是也乎若由是二者弗可爲也已（爲治也）四姬有省猶可無則必生疾矣（據異姓去同姓故言省省所景切徐所幸切去起呂切）叔向曰善哉肸未

之聞也此皆然矣叔向出行人揮送之（送叔向）叔向問鄭故焉且
問子晳對曰其與幾何（言將敗不久〔與〕如字又音預〔幾〕居豈切）無禮而好陵人怙
富而卑其上弗能久矣（爲明年鄭殺公孫黑傳〔好〕呼報切〔怙〕音戶）晉侯聞子產之言
曰博物君子也重賄之○晉侯求醫於秦秦伯使醫和視之曰
疾不可爲也是謂近女室疾如蠱（蠱惑疾之近〔近〕附近〔蠱〕音古）非鬼非食惑
以喪志（惑女色而失志〔喪〕息浪切）良臣將死天命不祐（良臣不匡救君過故將死而不爲天所祐
〔祐〕音古）公曰女不可近乎對曰節之先王之樂所以節百事也故
有五節（五聲之節）遲速本末以相及中聲以降五降之後不容彈矣
（此謂先王之樂得中聲聲成五降而息也降罷退〔降〕音絳戶江切〔彈〕徒丹切又徒旦切）於是有煩手淫
聲慆堙心耳乃忘平和君子弗聽也（五降而不息則雜聲並奏所謂鄭衛之聲〔慆〕吐刀切
〔堙〕音因）物亦如之（言百事皆如樂不可失節）至於煩乃舍也已無以生疾（煩不舍則
生疾〔舍〕音捨）君子之近琴瑟以儀節也非以慆心也（爲心之節儀使動不過度）天
有六氣（謂陰陽風雨晦明也）降生五味（謂金味辛木味酸水味鹹火味苦土味甘皆由陰陽風雨而生）發

爲五色（辛色白酸色青鹹色黑苦色赤甘色黃發見也〔見〕賢遍切）徵爲五聲（白聲商青聲角黑聲羽赤聲徵
黃聲宮徵驗也〔徵〕張里切）淫生六疾（淫過也滋味聲色所以養人然過則生害）六氣曰陰陽風雨
晦明也分爲四時序爲五節（六氣之化分而序之則成四時得五行之節）過則爲菑
陰淫寒疾（寒過則爲冷〔菑〕音災）陽淫熱疾（熱過則喘渴〔喘〕昌兗切）風淫末疾（末四支也風爲
緩急）雨淫腹疾（雨濕之氣爲洩注〔洩〕息列切下如字）晦淫惑疾（晦夜也爲宴寢過節則心惑亂）明淫
心疾（明晝也思慮煩多心勞生疾〔思〕息利切）女陽物而晦時淫則生內熱惑蠱之
疾（女常隨男故言陽物家道常在夜故言晦時）今君不節不時能無及此乎出告趙
孟趙孟曰誰當良臣對曰主是謂矣主相晉國於今八年晉國
無亂諸侯無闕可謂良矣和聞之國之大臣榮其寵祿任其大
節有菑禍興而無改焉（改行以救菑〔相〕息亮切〔行〕下孟切）必受其咎今君至於
淫以生疾將不能圖恤社稷禍孰大焉主不能禦吾是以云也
（云主將死〔咎〕其九切〔禦〕本亦作御魚呂切）趙孟曰何謂蠱對曰淫溺惑亂之所生也
（溺沈沒於嗜欲〔溺〕乃狄切〔嗜〕時志切）於文皿蟲爲蠱（文字也皿器也器受蟲害者爲蠱〔皿〕命景切說文讀若猛）

字林音猛穀之飛亦爲蠱穀久積則變爲飛蟲名曰蠱在周易女惑男風落山謂
之蠱☶☴巽下艮上蠱巽爲長女爲風艮爲少男爲山少男而說長女非匹故惑山木得風而落巽音遜艮古恨切長丁
丈切少詩照切說音悅皆同物也物猶類也趙孟曰良醫也厚其禮而歸之贈賄
之禮○楚公子圍使公子黑肱伯州犁城犨櫟郟黑肱王子圍之弟子晳也犨縣
屬南陽郟縣屬襄城櫟今河南陽翟縣三邑本鄭地犨尺州切櫟音歷徐失灼切郟古洽切鄭人懼子產曰
不害令尹將行大事謂將弒君而先除二子也二子謂黑肱伯州犁禍不及鄭
何患焉冬楚子圍將聘于鄭伍舉爲介未出竟聞王有疾而還
伍舉遂聘十一月己酉公子圍至入問王疾縊而弒之縊絞也孫卿曰
以冠纓絞之長歷推己酉十二月六日經傳皆言十一月月誤也介音界竟音境縊一豉切弒申志切絞古卯切遂殺
其二子幕及平夏皆郟敖子幕音莫夏戶雅切右尹子干出奔晉子干王子比宮
廄尹子晳出奔鄭因築城而去廄居又切殺大宰伯州犁于郟葬王于郟
謂之郟敖郟敖楚子麇使赴于鄭伍舉問應爲後之辭焉問赴者對曰
寡大夫圍伍舉更之曰共王之子圍爲長伍舉更赴辭使從禮此告終稱嗣不以篡

弒赴諸侯共音恭長丁丈切子干奔晉從車五乘叔向使與秦公子同食食祿
同從才用切乘繩證切皆百人之餼百人一卒也其祿足百人餼許氣切卒子忽切趙文子曰秦
公子富謂秦鍼富強秩祿不宜與子干同叔向曰底祿以德底致也底音旨德鈞以
年同以尊公子以國不聞以富且夫以千乘去其國彊禦已甚
詩曰不侮鰥寡不畏彊禦詩大雅侮陵也夫音扶侮亡甫切鰥古頑切秦楚匹也使
后子與子干齒以年齒爲高下而坐辭曰鍼懼選楚公子不獲是以皆來
亦唯命不遺不得自安言俱奔事有優劣唯主人命所處謙辭且臣與羇齒無乃不可乎
后子先來仕欲自同於晉臣爲主人子干後來奔以爲羇旅之客史佚有言曰非羇何忌忌畏也欲
讓以自別佚音逸別音彼列切楚靈王即位薳罷爲令尹薳啓彊爲大宰靈王
公子圍也即位易名熊虔罷音皮彊音其良切又居良切鄭游吉如楚葬郟敖且聘立君
歸謂子產曰具行器矣行器謂備楚王汰侈而自說其事必合諸侯
吾往無日矣子產曰不數年未能也爲四年會申傳汰音泰說徐音悅又始悅切數所主
切○十二月晉既烝烝冬祭也烝之承切趙孟適南陽將會孟子餘孟子餘趙

襄趙武之曾祖其廟在晉之南陽温縣往會祭之(衰)初危切甲辰朔烝于温趙氏烝祭甲辰十二月朔晉既
烝趙孟乃烝其家廟則晉烝當在甲辰之前傳言十二月月誤庚戌卒十二月七日終劉定公秦后子之言鄭伯
如晉弔及雍乃復弔趙氏盖趙氏辭之而還傳言大夫彊諸侯畏而弔之(雍)於用切
經二年春晉侯使韓起來聘○夏叔弓如晉叔弓叔老子○秋鄭殺
其大夫公孫黑書名惡之薰隧盟子產不討遂以爲卿故書之(惡)烏路切○冬公如晉至河
乃復弔少姜也晉人辭之故還(少)詩照切傳放此○季孫宿如晉致襚服也公實以秋行冬還乃書(襚)
音遂
傳二年春晉侯使韓宣子來聘公即位故且告爲政而來見禮也代趙
武爲政雖盟主而脩好同盟故曰禮(見)賢遍切(好)呼報切觀書於大史氏見易象與魯春秋
曰周禮盡在魯矣易象上下經之象辭魯春秋史記之策書春秋遵周公之典以序事故曰周禮盡在魯矣
吾乃今知周公之德與周之所以王也易象春秋文王周公之制當此時儒道廢諸國
多闕唯魯備故宣子適魯而說之(王)于況切周弘正依字讀(說)音悅公享之季武子賦緜之卒章
緜詩大雅卒章義取文王有四臣故能以緜緜致興盛以晉侯比文王以韓子比四輔四臣大顛閎夭散宜生南宮适四輔謂

先後奔走䟽附禦侮韓子賦角弓角弓詩小雅取其兄弟昏姻無胥遠矣言兄弟之國宜相親季武子
拜曰敢拜子之彌縫敝邑寡君有望矣彌縫猶補合也謂以兄弟之義(縫)扶恭切(合)如
字一音閤武子賦節之卒章節詩小雅卒章取式訛爾心以畜萬邦以言晉德可以畜萬邦(節)子結切徐又
如字(訛)五禾切既享宴于季氏有嘉樹焉宣子譽之譽其好也(譽)音餘武子曰
宿敢不封殖此樹以無忘角弓封厚也殖長也(長)丁丈切遂賦甘棠甘棠詩召南召
伯息於甘棠之下詩人思之而愛其樹武子欲封殖嘉樹如甘棠以宣子比召公(召)上照切宣子曰起不堪
也無以及召公宣子遂如齊納幣爲平公聘少姜(爲)于僞切下爲之同見子雅子
雅召子旗子旗子雅之子使見宣子宣子曰非保家之主也不臣志氣亢(見)
賢遍切下見彊同(亢)苦浪切見子尾子尾見彊彊子尾之子宣子謂之如子旗亦不
臣大夫多笑之唯晏子信之曰夫子君子也夫人韓起君子有信其
有以知之矣爲十年齊欒施高彊來奔張本自齊聘於衛衛侯享之北宮文子
賦淇澳淇澳詩衛風美武公也言宣子有武公之德(淇)音其(澳)於六切宣子賦木瓜木瓜亦衛風義取於
欲厚報以爲好(好)呼報切後注皆同○夏四月韓須如齊逆女須韓起之子逆少姜齊陳無

宇送女致少姜少姜有寵於晉侯晉侯謂之少齊爲立別號所以寵異之(少)詩照切謂陳無宇非卿欲使齊以適夫人禮送少姜(適)丁歷切執諸中都中都晉邑在西河界休縣東南(界)音介(休)許虯切少姜爲之請曰送從逆班班列畏大國也猶有所易是以亂作韓須公族大夫陳無宇上大夫言齊畏晉改易禮制使上大夫送遂致此執辱之罪蓋少姜讓以示謙○叔弓聘于晉報宣子也此春韓宣子來聘晉侯使郊勞聘禮賓至近郊君使卿勞之(勞)力報切辭曰寡君使弓來繼舊好固曰女無敢爲賓徹命於執事敝邑弘矣徹達也(女)音汝下注同敢辱郊使請辭辭郊勞(使)所吏切致館辭曰寡君命下臣來繼舊好好合使成臣之祿也得通君命則於己爲榮祿敢辱大館不敢叔向曰子叔子知禮哉吾聞之曰忠信禮之器也卑讓禮之宗也宗猶主也辭不忘國忠信也謂稱舊好先國後己卑讓也始稱敝邑之弘先國也次稱臣之祿後己也詩曰敬慎威儀以近有德夫子近德矣詩大雅(近)附近之近○秋鄭公孫黑將作亂欲去游氏而代其位游氏大叔之族黑爲游楚所傷故欲害其族(去)起呂切傷疾作而不果前年游楚所擊創(創)初良切駟氏與

左二十　十三　盧

諸大夫欲殺之駟氏黑之族子產在鄙聞之懼弗及乘遽而至遽傳驛(遽)其據切爾雅云駟遽傳也孫炎注云傳車驛馬(傳)中戀切(驛)音亦使吏數之責數其罪曰伯有之亂以大國之事而未爾討也在襄三十一年務共大國之命不暇治女罪(共)音恭爾有亂心無厭國不女堪專伐伯有而罪一也昆弟爭室而罪二也謂爭徐吾犯之妹(厭)於鹽切薰隧之盟女矯君位而罪三也謂使大史書七子(矯)居表切有死罪三何以堪之不速死大刑將至再拜稽首辭曰死在朝夕無助天爲虐子產曰人誰不死凶人不終命也作凶事爲凶人不助天其助凶人乎請以印爲褚師印子晳之子褚師市官(晳)如字(印)一刃切(褚)張呂切子產曰印也若才君將任之不才將朝夕從女女罪之不恤而又何請焉不速死司寇將至七月壬寅縊尸諸周氏之衢衢道也(衢)其于切加木焉書其罪於木以加尸上○晉少姜卒公如晉及河晉侯使士文伯來辭曰非伉儷也晉侯溺於所幸爲少姜行夫人之服故諸侯弔不敢以私煩諸侯故止之(伉)苦浪切(儷)力計切請君無辱公還季孫宿遂致服焉致少姜之襚服公以未秋行始冬還乃書之故

經在冬叔向言陳無宇於晉侯曰彼何罪彼無宇君使公族逆之齊
使上大夫送之猶曰不共君求以貪國則不共逆卑於宋是晉國不共而
執其使君刑已頗何以爲盟主頗不平使所吏切頗普多切且少姜有辭謂請
無宇之辭冬十月陳無宇歸晉侯赦之十一月鄭印段如晉弔弔少姜
經三年春王正月丁未滕子原卒襄二十五年盟重丘重直恭切○夏叔弓如
滕○五月葬滕成公卿共小國之葬禮過厚葬襄公滕子來會故魯厚報之共音恭傳倣此○秋
小邾子來朝○八月大雩○冬大雨雹無傳記災雨于付切雹蒲學切○北燕
伯款出奔齊不書大夫逐之而言奔罪之也書名從告
傳三年春王正月鄭游吉如晉送少姜之葬梁丙與張趯見之
二子晉大夫趯他歷切梁丙曰甚矣哉子之爲此來也卿共妾葬過禮甚爲于僞切子
大叔曰將得已乎言不得止昔文襄之霸也晉文公襄公其務不煩諸侯
令諸侯三歲而聘五歲而朝有事而會不協而盟明王之制歲聘間朝在十
三年今簡之間間厠之間君薨大夫弔卿共葬事夫人士弔大夫送葬先王之制

諸侯之喪士弔大夫送葬在三十年時俗過制故文襄雖節之猶過於古盡足以昭禮命事謀闕而
已朝聘以昭禮盟會以謀闕無加命矣命有常今嬖寵之喪不敢擇位而數於
守適不敢以其位卑而令禮數如守適夫人然則時適夫人之喪弔送之禮以過文襄之制數所具切徐所主切適丁歷
切本或作嫡下同令力呈切唯懼獲戾豈敢憚煩少齊有寵而死齊必繼室
繼室復薦女復扶又切下不出音者皆同今茲吾又將來賀不唯此行也張趯曰善
哉吾得聞此數也然自今子其無事矣譬如火焉火心星火中寒
暑乃退心以季夏昏中而暑退季冬旦中而寒退此其極也能無退乎晉將失諸侯
諸侯求煩不獲言將不能復煩諸侯二大夫退子大叔告人曰張趯有知
其猶在君子之後乎譏其無隱諱知音智○丁未滕子原卒同盟故書名
同盟於襄之世亦應從同盟之禮故傳發之○齊侯使晏嬰請繼室於晉復以女繼少姜曰
寡君使嬰曰寡人願事君朝夕不倦將奉質幣以無失時則國
家多難是以不獲不得自來朝如字質徐之二切又如字難乃旦切不腆先君之適謂少
姜腆他典切以備內官焜燿寡人之望則又無祿早世隕命寡人失

望君若不忘先君之好惠顧齊國辱收寡人徼福於大公丁公 徼要也二公齊先君言收恤寡人則先君與之福也溷胡本切又音昱服云明也燿羊照切服云照也隕于敏切好呼報切徼古堯切大音泰要一遥切 照臨敝邑鎮撫其社稷則猶有先君之適 適夫人之女 及遺姑姊妹 遺餘也 若而人 言如常人不敢譽譽音餘 君若不棄敝邑而辱使董振擇之以備嬪嬙寡人之望也 董正也振整也嬪嬙婦官振之刃切一音真嬙本又作牆在良切

韓宣子使叔向對曰寡君之願也寡君不能獨任其社稷之事未有伉儷在縗絰之中是以未敢請 制夫人之服則葬訖君臣刃釋服任音壬縗本亦作衰七雷切絰直結切 君有辱命惠莫大焉若惠顧敝邑撫有晉陽賜之內主豈唯寡君舉羣臣實受其貺其自唐叔以下實寵嘉之 唐叔晉之祖貺音況 既成昏 許昏成 晏子受禮 受賓享之禮 叔向從之宴相與語叔向曰齊其何如 問興衰 晏子曰此季世也吾弗知齊其為陳氏矣 不知其他唯知齊將為陳氏釋文吾弗知絕句 公棄其民而歸於陳氏 棄民不恤 齊舊四量豆區釜鍾四升為豆各自其四以登於釜 四豆為區區斗六升四區為釜釜六斗四升登成也量音亮區烏侯切 釜十則鍾 六斛四斗 陳氏三量皆登一焉鍾乃大矣 登加也加一謂加舊量之一也以五升為豆五豆為區五區為釜則區二斗釜八斗鍾八斛釋文舊本以五升為豆四豆為區四區為釜直加豆為五升而區釜自大故杜云區二升釜八斗是也本或作五豆為區五區為釜者為加舊豆區為五亦與杜注相會非於五升之豆又五五而加也 以家量貸而以公量收之 貸厚而收薄貸他代切 山木如市弗加於山魚鹽蜃蛤弗加於海 賈如在山海不加貴蜃食軫切蛤古荅切賈音嫁 民參其力二入於公而衣食其一 言公重賦斂參七南切又音三斂力驗切 公聚朽蠹而三老凍餒 三老謂上壽中壽下壽皆八十已上不見養遇聚徐在踰切又在主切蠹丁故切三老服云工老商老農老也凍丁貢切餒奴罪切壽音授上時掌切 國之諸市屨賤踊貴 踊刖足者屨言刑多屨九具切踊音勇刖音月又五刮切 民人痛疾而或燠休之 燠休痛念之聲謂陳氏也燠於喻切徐音憂又於到切一音於六切休虛喻切徐許留切賈云燠厚也休美也 其愛之如父母而歸之如㳅水欲無獲民將焉辟之箕伯直柄虞遂伯戲 四人皆舜後陳氏之先焉於虔切戲許宜切 其相胡公大姬已在齊矣 胡公四人之後周始封陳之祖大姬其妃也言陳氏雖為人臣然猶有國其先祖鬼神已與胡公共在齊相息亮切服如字大音泰 叔向曰然雖吾公室今

亦季世也戎馬不駕卿無軍行 言晉衰弱不能征討救諸侯行戶郎切 公乘無人
卒列無長 百人爲卒言人皆非其人非其長乘繩證切卒子忽切長丁丈切 庶民罷敝而宮室
滋侈 滋益也罷音皮侈尺氏切又昌氏切 道殣相望 餓死爲殣殣音覲說文云道中死者人所覆也毛詩作墐傳云墐路冢也 而女富溢尤 女嬖寵之家 民聞公命如逃寇讎欒郤胥原狐
續慶伯降在皁隸 八姓晉舊臣之族也皁隸賤官郤去逆切皁才早切隸力計切 政在家門 大夫
專政 民無所依君日不悛以樂慆憂 慆藏也悛改也悛七全切樂音洛又音岳慆他刀切 公
室之卑其何日之有 言至今 讒鼎之銘 讒鼎名也服云疾讒之鼎也讒士咸切 曰昧
旦丕顯後世猶怠 昧旦早起也丕大也言夙興以務大顯後世猶解怠昧音妹丕普悲切解佳賣切 況
日不悛其能久乎晏子曰子將若何 問何以免此難日人實切難乃旦切 叔向曰
晉之公族盡矣肸聞之公室將卑其宗族枝葉先落則公從之
肸之宗十一族 同祖爲宗肸許乙切 唯羊舌氏在而已肸又無子 無賢子 公
室無度 無法度 幸而得死 言得以壽終爲幸 豈其獲祀 言必不得祀 ○初景公
欲更晏子之宅曰子之宅近市湫隘囂塵不可以居 湫下隘小囂聲塵土

近附近之近湫子小切徐音秋又在酒切隘於賣切囂許驕切又五高切 請更諸爽塏者 爽明塏燥塏苦代切
燥素早切 辭曰君之先臣容焉 先臣晏子之先人 臣不足以嗣之於臣侈矣
侈奢也 且小人近市朝夕得所求小人之利也敢煩里旅 旅衆也不敢勞
衆爲己宅朝如字 公笑曰子近市識貴賤乎對曰既利之敢不識乎公
曰何貴何賤於是景公繁於刑 繁多也 有鬻踊者故對曰踊貴屨
賤既已告於君故與叔向語而稱之 傳護晏子令不與張趯同識鬻羊六切賣也令力呈
切 景公爲是省於刑君子曰仁人之言其利博哉晏子一言而
齊侯省刑詩曰君子如祉亂庶遄已 詩小雅如行也祉福也遄疾也言君子行福則庶幾
亂疾止也爲于僞切省所景切祉音恥遄市專切 其是之謂乎及晏子如晉公更其宅
反則成矣既拜 拜謝新宅 乃毁之而爲里室皆如其舊 本壞里室以大晏子之宅
故復之壞音怪復音服下卒復其復欲復同 則使宅人反之 還其故室還音環 且諺曰非宅
是卜唯鄰是卜 卜良鄰諺音彥 二三子先卜鄰矣 二三子謂鄰人 違卜不祥君
子不犯非禮 去儉即奢爲非禮 小人不犯不祥古之制也吾敢違諸乎

卒復其舊宅公弗許因陳桓子以請乃許之傳言齊晉之衰賢臣懷憂且言陳氏之興
〇夏四月鄭伯如晉公孫叚相甚敬而卑禮無違者晉侯嘉焉授
之以策策賜命之書曰子豐有勞於晉國子豐叚之父余聞而弗忘賜女州
田州縣今屬河內郡〇女音汝以胙乃舊勳伯石再拜稽首受策以出君子曰
禮其人之急也乎伯石之汰也汰驕也一爲禮於晉猶荷其祿況
以禮終始乎詩曰人而無禮胡不遄死其是之謂乎初州縣欒
豹之邑也豹欒盈族〇荷戶可切又音可及欒氏亡范宣子趙文子韓宣子皆
欲之文子曰溫吾縣也州本屬溫溫趙氏邑二宣子曰自郤稱以別三傳
矣郤稱晉大夫始受州自是州與溫別至今傳三家〇稱尺證切以別絶句晉之別縣不唯州誰獲
治之言縣邑既別甚多無有得追而治取之文子病之乃舍之二子曰吾不可以
正議而自與也皆舍之及文子爲政趙獲曰可以取州矣趙獲文子
之子〇舍音赦又音捨文子曰退使獲退也二子之言義也二子二宣子也違義禍也余不
能治余縣又焉用州其以徼禍也君子曰弗知實難患不知禍所起知

而弗從禍莫大焉有言州必死豐氏故主韓氏故猶舊也豐氏至晉以韓氏
爲主人伯石之獲州也韓宣子爲之請之爲其復取之之故後若還晉
因自欲取之爲七年豐氏歸州張本〇爲于僞切下爲其復爲注爲之爲平皆同〇五月叔弓如滕葬滕成公
公子服椒爲介及郊遇懿伯之忌敬子不入忌怨也懿伯椒之叔父敬子叔弓也叔弓
禮椒爲之辟仇〇辟音避惠伯曰公事有公利無私忌椒請先入乃先受館
敬子從之惠伯子服椒也傳言叔弓之有禮〇晉韓起如齊逆女爲平公逆公孫蠆爲
少姜之有寵也以其子更公女而嫁公子更嫁公女〇蠆敕邁切人謂宣子子
尾欺晉晉胡受之宣子曰我欲得齊而遠其寵寵將來乎寵謂子尾
〇遠于萬切〇秋七月鄭罕虎如晉賀夫人且告曰楚人日徵敝邑以
不朝立王之故楚靈王新立敝邑之往則畏執事其謂寡君而固有
外心其不往則宋之盟云云交相見進退罪也寡君使虎布之布陳也
宣子使叔向對曰君若辱有寡君在楚何害脩宋盟也君苟思
盟寡君乃知免於戾矣君若不有寡君雖朝夕辱於敝邑寡君

猜焉猜疑也猜七才切君實有心何辱命焉言若有事晉心至楚可不須告君其往也苟有寡君在楚猶在晉也張趯使謂大叔曰自子之歸也歸在此年春小人糞除先人之敝廬曰子其將來今子皮實來小人失望大叔曰吉賤不獲來賤非上卿糞甫問切畏大國尊夫人也且孟曰而將無事吉庶幾焉孟張趯也庶幾如趯言

○小邾穆公來朝季武子欲卑之不欲以諸侯禮待之穆叔曰不可曹滕二邾實不忘我好敬以逆之猶懼其貳又卑一睦焉一睦謂小邾釋文實不忘我好絕句讀以好字向下好呼報切下羣好同逆羣好也其如舊而加敬焉志曰能敬無災又曰敬逆來者天所福也季孫從之

○八月大雩旱也

○齊侯田於莒莒齊東竟竟音境盧蒲嫳見泣且請曰余髮如此種種余奚能為嫳慶封之黨襄二十八年放之於竟種種短也自言衰老不能復為害嫳普結切又匹舌切見賢遍切種亦作董章勇切公曰諾吾告二子二子子雅子尾歸而告之子尾欲復之子雅不可曰彼其髮短而心甚長其或寢處我矣言不可信九月子雅放盧蒲嫳于北燕恐其復作亂

○燕簡公多嬖寵欲去諸大夫而立其寵人冬燕大夫比以殺公之外嬖比相親比去起呂切比毗志切公懼奔齊書曰北燕伯款出奔齊罪之也款罪輕於衛衎重於蔡朱故舉中示例衎苦旦切

○十月鄭伯如楚子產相楚子享之賦吉日吉日詩小雅宣王田獵之詩楚王欲與鄭伯共田故賦之相息亮切既享子產乃具田備王以田江南之夢楚之雲夢跨江南北夢如字徐莫公切

○齊公孫竈卒竈子雅司馬竈見晏子司馬竈齊大夫曰又喪子雅矣晏子曰惜也子旗不免殆哉以其不臣喪息浪切姜族弱矣而嬀將始昌嬀陳氏嬀九危切二惠競爽猶可子雅子尾皆齊惠公之孫也競彊也爽明也又弱一个焉姜其危哉个古賀切

春秋左氏傳卷第二十

春秋經傳集解昭二第二十一

杜氏　盡七年

經四年春王正月大雨雹當雪而雹故以爲災而書之雨于付切傳大雨雹同雹蒲學切○夏楚子蔡侯陳侯鄭伯許男徐子滕子頓子胡子沈子小邾子宋世子佐淮夷會于申楚靈王始合諸侯沈音審○楚人執徐子稱人以執以不道於其民告○秋七月楚子蔡侯陳侯許男頓子胡子沈子淮夷伐吳因申會以伐吳不言諸侯者齊徐滕小邾宋不在故也胡國汝陰縣西北有胡城○執齊慶封殺之楚子欲行霸爲齊討慶封故稱齊爲于僞切○遂滅賴○九月取鄫鄫莒邑傳例曰克邑不用師徒曰取鄫才陵切○冬十有二月乙卯叔孫豹卒

傳四年春王正月許男如楚楚子止之欲與俱田遂止鄭伯復田江南許男與焉前年楚子已與鄭伯田江南故言復復扶又切與音預使椒舉如晉求諸侯二君待之二君鄭許椒舉致命曰寡君使舉曰日君有惠賜盟于宋宋盟在襄二十七年曰晉楚之從交相見也以歲之不易不易言有難易以豉切注同難乃旦切寡人願結驩於二三君欲得諸侯謀事補闕驩喚端切使舉請間君君苟無四方之虞虞度也間徐音閑又如字度待洛切則願假寵以請於諸侯欲借君之威寵以致諸侯晉侯欲勿許司馬侯曰不可楚王方侈天或者欲逞其心以厚其毒而降之罰未可知也其使能終亦未可知也晉楚唯天所相相助也侈昌氏切又尺氏切逞敕景切相息亮切不可與爭君其許之而脩德以待其歸若歸於德吾猶將事之況諸侯乎若適淫虐楚將棄之棄不以爲君吾又誰與爭公曰晉有三不殆其何敵之有殆危也殆直改切國險而多馬齊楚多難多篡弒之難篡初患切弒申志切有是三者何鄉而不濟對曰恃險與馬而虞鄰國之難是三殆也四嶽東嶽岱西嶽華南嶽衡北嶽恒鄉許亮切本又作嚮嶽音岳岱音代在兗州華如字又胡化切在雍州衡如字在荆州恒如字本或作常在冀州案作恒者是也北嶽本名恒山漢爲文帝諱改作常耳三塗在河南陸渾縣南釋文三塗山名大行轘轅崤澠也渾戶昏切又戶困切陽城在陽城縣東北大室在河南陽城縣西南大音泰下大室同大室即中嶽嵩高山也在豫州荆山在新城沶鄉縣南沶音市又音爾漢書音義音擇或一音隸則當水旁作尒恐非本或作㴭字誤也中南在始平武功縣

南九州之險也是不一姓雖是天下至險無德則滅亡冀之北土燕代燕烏賢切馬
之所生無興國焉恃險與馬不可以爲固也從古以然是以先
王務脩德音以亨神人亨通也亨許庚切不聞其務險與馬也鄰國之
難不可虞也或多難以固其國啓其疆土或無難以喪其國失
其守宇於國則四垂爲宇疆居良切喪息浪切若何虞難齊有仲孫之難而獲桓
公至今賴之仲孫公孫無知事在莊九年晉有里丕之難而獲文公是以爲
盟主里克丕鄭事在僖九年丕普悲切衛邢無難敵亦喪之閔二年狄滅衛僖二十五年衛滅邢
邢音刑故人之難不可虞也恃此三者而不脩政德亡於不暇又
何能濟君其許之紂作淫虐文王惠和殷是以隕周是以興夫
豈爭諸侯乃許楚使使叔向對曰寡君有社稷之事是以不獲
春秋時見言不得自往謙辭紂直九切隕于敏切使所吏切向許丈切見賢遍切下注朝見昏見同諸侯
君實有之何辱命焉椒舉遂請昏蓋楚子遣舉時兼使來昏晉侯許之楚子
問於子產曰晉其許我諸侯乎對曰許君晉君少安不在諸侯
安於小小不能遠圖少如字其大夫多求貪也莫匡其君在宋之盟又曰如一
晉楚同也若不許君將焉用之焉用宋盟焉於虔切王曰諸侯其來乎對曰必
來從宋之盟承君之歡不畏大國大國晉也何故不來不來者其魯
衛曹邾乎曹畏宋邾畏魯魯衛偪於齊而親於晉唯是不來其
餘君之所及也誰敢不至言楚威力所能及偪彼力切王曰然則吾所求者
無不可乎對曰求逞於人不可逞快也求人以快意人必違之與人同欲盡濟
爲下會申傳○大雨雹季武子問於申豐曰雹可禦乎禦止也申豐魯大夫禦魚
呂切下禦之同對曰聖人在上無雹雖有不爲災古者日在北陸而藏
冰陸道也謂夏十二月日在虛危冰堅而藏之夏戶雅切下同西陸朝覿而出之謂夏三月日在昴畢
蟄蟲出而用冰春分之中奎星朝見東方朝如字覿徒歷切昴音卯蟄直立切蟲除中切奎苦圭切其藏冰也深
山窮谷固陰沍寒於是乎取之沍閉也必取積陰之冰所以道達其氣使不爲災沍戶故切道
音導其出之也朝之祿位賓食喪祭於是乎用之言不偏共公共音恭其藏
之也黑牡秬黍以享司寒黑牡黑牲也秬黑黍也司寒玄冥北方之神故物皆用黑有事於冰故祭

其神牡茂后切音巨冥亡丁切耜其出之也桃弧棘矢以除其災桃弓棘箭所以禳除凶邪將御至尊故飭音飭鑲如羊切邪似嗟切其出入也時食肉之祿冰皆與焉食肉之祿謂在朝廷治其職事就官食者與音預大夫命婦喪浴用冰命婦大夫妻浴音欲祭寒而藏之享司寒祭寒而藏之本或作祭司寒者非獻羔而啓之謂二月春分獻羔祭韭始開冰室韭音九公始用之公先用優尊火出而畢賦火星昏見東方謂三月四月中自命夫命婦至於老疾無不受冰老致仕在家者山人取之縣人傳之山人虞官縣人遂屬傳直專切輿人納之隸人藏之輿隸皆賤官與音餘夫冰以風壯冰因風寒而堅壯側亮切而以風出順春風而散用其藏之也周周密也其用之也徧及老疾徧音遍則冬無愆陽愆過也謂冬溫愆起虔切夏無伏陰伏陰謂夏寒春無淒風淒寒也淒七西切秋無苦雨霖雨為人所患苦霖音林雷出不震震霆也霆音亭又音挺又亭佞切無菑霜雹癘疾不降癘惡氣也菑音災癘音例民不夭札短折為夭夭死為札札側八切又音截字林作壯列切今藏川池之冰棄而不用既不藏深山窮谷之冰又火出不畢賦有餘則棄之風不越而殺雷不發而震越散也言陰陽失序雷風為害殺如字又色界切徐色例切雹之為菑誰能禦之七月之卒

章藏冰之道也七月詩豳風卒章曰二之日鑿冰冲冲謂十二月鑿而取之三之日納于凌陰凌陰冰室也四之日其蚤獻羔祭韭謂二月春分蚤開冰室以薦宗廟豳彼貧切鑿在洛切冲直忠切凌陵證切一音陵蚤音早韭音九○夏諸侯如楚魯衛曹邾不會曹邾辭以難公辭以時祭衛侯辭以疾如子產言難乃旦切鄭伯先待于申自楚先至會地六月丙午楚子合諸侯于申椒舉言於楚子曰臣聞諸侯無歸禮以為歸今君始得諸侯其慎禮矣霸之濟否在此會也夏啓有鈞臺之享啓禹子也河南陽翟縣南有鈞臺陂蓋啓享諸侯於此翟戶雅切注做此鈞音均陂彼宜切商湯有景亳之命河南鞏縣西南有湯亭或言亳即偃師亳步各切鞏九勇切周武有孟津之誓將伐紂也釋文孟本又作盟音孟成有岐陽之蒐周成王歸自奄大蒐於岐山之陽岐山在扶風美陽縣西北岐其宜切蒐所求切康有酆宮之朝酆在始平鄠縣東有靈臺康王於是朝諸侯酆芳弓切穆有塗山之會周穆王會諸侯於塗山塗山在壽春東北齊桓有召陵之師在僖四年召上照切晉文有踐土之盟在僖二十八年君其何用宋向戌鄭公孫僑在諸侯之良也君其選焉選擇所用向舒亮切戌音恤僑其驕切王曰吾用齊桓用會召陵之禮王使問禮於左師與子

產左師曰小國習之大國用之敢不薦聞 言所聞謙示所未行 獻公合諸
侯之禮六 其禮六儀也宋爵公故獻公禮 子產曰小國共職敢不薦守獻伯子
男會公之禮六 鄭伯爵故獻伯子男會公之禮其禮同所從言之異(共)音恭(守)手又切 君子謂合
左師善守先代子產善相小國王使椒舉侍於後以規過 規正二子
之過(相)悉亮切 卒事不規王問其故對曰禮吾所未見者有六焉又何
以規 左師子產所獻六禮楚皆未嘗行 宋大子佐後至王田於武城久而弗見
椒舉請辭焉 請王辭謝之 王使往曰屬有宗祧之事於武城 言為宗廟田獵
(屬)章玉切適也(祧)他彫切(為)于偽切 寡君將墮幣焉敢謝後見 恨其後至故言將因諸侯會布幣乃
相見經并書宋大子佐知此言在會前(墮)許規切布也服云輸也(見)如字又賢遍切 徐子吳出也以為貳
焉故執諸申 言楚子以疑罪執諸侯 楚子示諸侯侈 自奢侈 椒舉曰夫六王
二公之事 六王啓湯武成康穆也二公齊桓晉文 皆所以示諸侯禮也諸侯所由
用命也夏桀為仍之會有緡叛之 仍緡皆國名(仍)而承切(緡)亡巾切 商紂為黎
之蒐東夷叛之 黎東夷國名(黎)力兮切 周幽為大室之盟戎狄叛之 大室中嶽

皆所以示諸侯汰也諸侯所由棄命也今君以汰無乃不濟乎
王弗聽子產見左師曰吾不患楚矣汰而愎諫 愎很也(汰)音泰(愎)皮逼切([illegible])胡
堅切 不過十年左師曰然不十年侈其惡不遠遠惡而後棄 惡及遠方
則人棄之 善亦如之德遠而後興 爲十三年楚弑其君傳 ○秋七月楚子以諸
侯伐吳宋大子鄭伯先歸 經所以更叙諸侯也時晉之屬國皆歸獨言二國者鄭伯又若楚宋大子
不得時見故慰遣之(見)賢遍切又如字 宋華費遂鄭大夫從 從伐吳以答見慰(費)扶味切(從)才用切
使屈申圍朱方 朱方吳邑齊慶封所封也屈申屈蕩之子(屈)居勿切 八月甲申克之執齊
慶封而盡滅其族 慶封以襄二十八年奔吳八月無甲申日誤 將戮慶封椒舉曰臣
聞無瑕者可以戮人慶封唯逆命是以在此 逆命謂性不恭順 其肯從
於戮乎 言不肯默而從戮 播於諸侯焉用之 播揚也(播)波佐切又波可切徐云字或作播敷秦切
(焉)於虔切 王弗聽負之斧鉞以徇於諸侯使言曰無或如齊慶封弒
其君弱其孤以盟其大夫 齊崔杼弒君慶封其黨也故以弒君罪責之(鉞)音越(徇)似俊切(杼)直呂切
慶封曰無或如楚共王之庶子圍弒其君兄之子麇而代之以

盟諸侯王使速殺之遂以諸侯滅賴賴子面縛銜璧士袒輿櫬
從之造於中軍（中軍王所將〔共〕音恭〔麇〕九倫切〔袒〕音但〔櫬〕初覲切棺也〔造〕七報切〔將〕子匠切）王問諸
椒舉對曰成王克許（在僖六年）許僖公如是王親釋其縛受其璧焚
其櫬王從之（從舉言〔縛〕如字舊扶卧切）遷賴於鄢（鄢楚邑〔鄢〕於晚切又於建切）楚子欲遷
許於賴使鬬韋龜與公子棄疾城之而還（爲許城也韋龜子文之玄孫〔爲〕于僞切）
申無宇曰楚禍之首將在此矣召諸侯而來伐國而克城竟莫
校（謂築城於外竟諸侯無與爭〔竟〕音境〔爭〕爭鬬之爭）王心不違民其居乎（言將有事民不得安也）民
之不處其誰堪之不堪王命乃禍亂也○九月取鄫言易也莒
亂著丘公立而不撫鄫鄫叛而來故曰取凡克邑不用師徒曰
取（著丘公去疾也不書奔者潰散而來將帥微也重發例者以通叛而自來〔易〕以豉切〔著〕直居切徐直據切〔去〕起呂切〔潰〕戶對切〔帥〕所類切〔重〕直用切）○鄭子產作丘賦（丘十六井當出馬一匹牛三頭今子產別賦其田如魯之田賦田賦在哀十一年）國人謗之（謗毀也）曰其父死於路（謂子國爲尉氏所殺）己爲蠆尾
（謂子產重賦毒害百姓〔蠆〕敕邁切）以令於國國將之何子寬以告（子寬鄭大夫）子產

曰何害苟利社稷死生以之（以用也）且吾聞爲善者不改其度故
能有濟也民不可逞度不可改（度法也）詩曰禮義不愆何恤於人
言（逸詩子產自以爲權制濟國於禮義無愆）吾不遷矣（遷移也）渾罕曰國氏其先亡乎
（渾罕子寬〔渾〕侯溫切〔罕〕徐許但切）君子作法於涼其敝猶貪（涼薄也〔涼〕音良徐音亮）作法
於貪敝將若之何（言不可久行）姬在列者（在列國也）蔡及曹滕其先亡乎
偪而無禮（蔡偪楚曹滕偪宋）鄭先衛亡偪而無法（偪晉楚）政不率法而制
於心民各有心何上之有（子產權時救急渾罕譏之正道）○冬吳伐楚入棘櫟
麻（棘櫟麻皆楚東鄙邑譙國酇縣東北有棘亭汝陰新蔡縣東北有櫟亭〔櫟〕力狄切徐失灼切〔酇〕才河切）以報朱
方之役（朱方役在此年秋）楚沈尹射奔命於夏汭（夏汭漢水曲入江今夏口也吳兵在東北
楚盛兵在東南以絕其後〔射〕食夜切又音食亦切又音夜〔夏〕戶雅切〔汭〕如銳切）箴尹宜咎城鍾離（宜咎本陳
大夫襄二十四年奔楚〔箴〕之林切〔咎〕其九切）薳啓疆城巢然丹城州來（然丹鄭穆公孫襄十九年
奔楚〔薳〕于委切〔疆〕其良切又居良切）東國水不可以城彭生罷賴之師（彭生楚大夫罷鬬韋
龜城賴之師〔罷〕皮買切徐甫綺切）○初穆子去叔孫氏及庚宗（成十六年辟僑如之難奔齊庚

宗魯姓乃且切〔[illegible]〕遇婦人使私爲食而宿焉問其行告之故哭而送之
（婦人聞而哭之）適齊娶於國氏（國氏齊正卿姜姓〔娶〕七住切）生孟丙仲壬夢天壓己
弗勝（穆子夢也〔壓〕於甲切又於輒切〔勝〕音升）顧而見人黑而上僂（上僂肩傴〔僂〕力主切〔傴〕紆甫切）
深目而豭喙（口象豬〔豭〕音加〔喙〕許穢切）號之曰牛助余乃勝之旦而皆召其
徒無之（徒從者〔號〕胡到切戶刀切〔從〕才用切）且曰志之（志識也〔識〕申志切一音式）及宣伯奔
齊饋之（宣伯僑如穆子之兄成十六年奔齊穆子饋宣伯〔饋〕求位切餉也）宣伯曰魯以先子之
故（先子宣伯先人）將存吾宗必召女召女何如對曰願之久矣（言兄始爲亂己）
（則有今日之願蓋忿言〔女〕音汝）魯人召之不告而歸既立（在齊生孟丙仲壬魯召之立爲卿襄二年）
（始見經〔見〕賢遍切下接見同）所宿庚宗之婦人獻以雉（獻穆子）問其姓（問有子否釋文）
（問其姓女生曰姓姓謂子也）對曰余子長矣能奉雉而從我矣（襄二年豎牛五六歲〔長〕丁）
（丈切〔奉〕芳勇切）召而見之則所夢也未問其名號之曰牛曰唯皆召其
徒使視之遂使爲豎（豎小臣也傳言從夢未必吉〔唯〕維癸切徐以水切唯應辭猶吶也〔豎〕上主切）有
寵長使爲政（爲家政）公孫明知叔孫於齊（公孫明齊大夫子明也與叔孫相親知）歸

未逆國姜子明取之（國姜孟仲母〔取〕七住切又如字）故怒其子長而後使逆之
（子孟丙仲壬）田於丘蕕（丘蕕地名〔蕕〕音由）遂遇疾焉豎牛欲亂其室而有之
強與孟明不可（欲使從己孟不肯〔強〕其丈切）叔孫爲孟鍾曰爾未際（際接也孟未與）
（諸大夫相接見〔爲〕于偽切又如字）饗大夫以落之（以豭豬血釁鍾日落〔釁〕許覲切）既具（饗禮具）使
豎牛請日（請饗日）入弗謁（謁白也）出命之日（詐命日）及賓至聞鍾聲牛
曰孟有北婦人之客（北婦人國姜也客謂公孫明）怒將往牛止之賓出使拘
而殺諸外（殺孟丙〔拘〕音俱）牛又強與仲盟不可仲與公御萊書觀於公
（萊書公御士名仲與之私遊觀於公宮〔萊〕音來人姓名〔觀〕古亂切注同又如字）公與之環（賜玉環）使牛入
示之（示叔孫）入不示出命佩之牛謂叔孫見仲而何（而何如何〔見〕賢遍切下皆）
（見同）叔孫曰何爲（怪牛言）曰不見既自見矣（言仲己自往見公）公與之環而
佩之矣遂逐之奔齊疾急命召仲牛許而不召杜洩見告之飢
渴授之戈（杜洩叔孫氏宰也牛不食叔孫叔孫怒欲使杜洩殺之〔洩〕息列切〔食〕音嗣）對曰求之而至
又何去焉（言求食可得無爲去豎牛蓋杜洩力不能去設辭以免〔去〕起呂切注及下同）豎牛曰夫子

疾病不欲見人使寘饋于个而退（寘置也个東西廂〔寘〕之豉切本或作箇〔个〕古賀切謂廂屋）
（〔廂〕本又箱息羊切）牛弗進則置虛命徹（寫器令空示若叔孫已食命去之〔令〕力呈切）十二月癸
丑叔孫不食乙卯卒（三日絕糧）牛立昭子而相之（昭子豹之庶子叔孫婼也〔相〕息亮切）
（〔婼〕勑略切）公使杜洩葬叔孫豎牛賂叔仲昭子與南遺（昭子仲叔帶也南遺季氏
家臣〔賂〕音路）使惡杜洩於季孫而去之（惜洩不與己同志〔惡〕烏路切）杜洩將以路
葬且盡卿禮（昭王所賜叔孫車）南遺謂季孫曰叔孫未乘路葬焉用之
且冢卿無路介卿以葬不亦左乎（冢卿謂季孫介次也左不便〔焉〕於虔切下焉用同介音界）
（〔左〕如字舊音佐〔便〕婢面切）季孫曰然使杜洩舍路（舍置也〔舍〕式夜切或音捨）不可曰夫子
受命於朝而聘于王（在襄二十四年夫子謂叔孫）王思舊勳而賜之路（感其有禮）
（以念其先人）復命而致之君（豹不敢自乘）君不敢逆王命而復賜之使三
官書之吾子為司徒實書名（謂季孫也書名定位號〔復〕扶又切）夫子為司馬與
工正書服（謂叔孫也服車服之器工正所書）孟孫為司空以書勳（勳功也）今死而
弗以是棄君命也書在公府而弗以是廢三官也若命服生弗

敢服死又不以將焉用之乃使以葬季孫謀去中軍豎牛曰夫
子固欲去之（誣叔孫以媚季孫〔媚〕眉冀切）
經五年春王正月舍中軍（襄十一年始立中軍〔舍〕音捨傳同）○楚殺其大夫屈
申（書名罪之）○公如晉○夏莒牟夷以牟婁及防茲來奔（城陽平昌縣西南有
防亭姑幕縣東北有茲亭〔牟〕亡侯切〔幕〕亡博切）○秋七月公至自晉○戊辰叔弓帥師
敗莒師于蚡泉（蚡泉魯地〔蚡〕扶粉切）○秦伯卒（無傳不書名未同盟）○冬楚子蔡侯
陳侯許男頓子沈子徐人越人伐吳
傳五年春王正月舍中軍卑公室也（罷中軍季孫氏左師孟氏稱右師叔孫氏則自以叔
孫為軍名）毀中軍于施氏成諸臧氏（季孫不欲親其議故二家會諸大夫發毀置之計又取其令名）
（〔臧〕子郎切）初作中軍三分公室而各有其一（三家各有一軍家屬）季氏盡征之
（無所入於公）叔孫氏臣其子弟（以父兄歸公）孟氏取其半焉（復以子弟之半歸公〔復〕扶
又切）及其舍之也四分公室季氏擇二（簡擇取二分〔分〕扶運切或如字）二子各一
皆盡征之而貢于公（國人盡屬三家三家隨時獻公而已）以書使杜洩告於殯（告叔

孫之柩殯必刃切柩其又切曰子固欲毀中軍既毀之矣故告杜洩曰夫子
唯不欲毀也故盟諸僖閎詛諸五父之衢皆在襄十一年閎音宏詛側慮切衢其俱
切受其書而投之投擲也擲直亦切帥士而哭之痛叔孫之見誣叔仲子謂季
孫曰帶受命於子叔孫曰葬鮮者自西門不以壽終爲鮮西門非魯朝正門鮮音仙
徐息淺切壽音授季孫命杜洩命使從西門杜洩曰卿喪自朝魯禮也從生存朝
覲之王路吾子爲國政未改禮而又遷之遷易也羣臣懼死不敢自也
自從也既葬而行善杜洩能辟禍仲至自齊聞喪而來季孫欲立之南遺曰叔
孫氏厚則季氏薄彼實家亂子勿與知不亦可乎南遺使國人
助豎牛以攻諸大庫之庭攻仲壬也魯城內自大庭氏之虛於其上作庭與音預虛起居切司
宮射之中目而死豎牛取東鄙三十邑以與南遺取叔孫氏邑射食亦切中
丁仲切昭子即位朝其家眾曰豎牛禍叔孫氏使亂大從使從於亂釋文
使亂大從如字服云使亂大和順之道也殺適立庶又披其邑將以赦罪披析也謂以邑與南
遺昭子不知豎牛餓殺其父故但言其見罪適丁歷切本又作嫡披普皮切析星歷切見賢遍切罪莫大焉必

速殺之豎牛懼奔齊孟仲之子殺諸塞關之外齊魯界上關塞悉代切投其
首於寧風之棘上寧風齊地仲尼曰叔孫昭子之不勞不可能也不以
立己爲功勞據其所言善之時魯人不以餓死語昭子語魚據切周任有言曰爲政者不賞私
勞不罰私怨詩云有覺德行四國順之詩大雅覺直也言德行直則四方順從之任音
壬行下孟切初穆子之生也莊叔以周易筮之莊叔穆子父得臣也遇明夷䷣
離下坤上明夷坤苦門切之謙䷎艮下坤上謙明夷初九變爲謙艮古恨切以示卜楚丘楚丘卜人姓名
曰是將行行出奔而歸爲子祀奉祭祀以讒人入其名曰牛卒以餒
死明夷日也離爲日夷傷也日明而傷餒奴罪切餒也日之數十甲至癸故有十時亦
當十位自王已下其二爲公其三爲卿日中當王食時當公平旦爲卿雞鳴爲士夜半
爲皁人定爲輿黃昏爲隸日入爲僚晡時爲僕日昳爲臺隅中日出闕不在第尊王公曠其位皁才早切輿音餘僚力彫切晡
布吳切昳田結切日上其中日中盛明故以當王食日爲二公位旦日爲三卿位明夷
之謙明而未融其當旦乎融朗也離在坤下日在地中之象又變爲謙謙道卑退故曰明而未融日
明未融故曰其當旦乎故曰爲子祀莊叔卿也卜豹爲卿故知爲子祀日之謙當鳥故曰

明夷于飛離爲日爲鳥離變爲謙日光不足故當鳥鳥飛行故曰于飛明而未融故曰垂其翼於日爲未融於鳥爲垂翼象日之動故曰君子于行明夷初九得位有應君子象也在明傷之世居謙下之位故將辟難而行應應對之應謙如字又遐嫁切難乃旦切當三在旦故曰三日不食旦位在三又非食時故曰三日不食離火也艮山也離爲火火焚山山敗離艮合體故敗必邁切又如字於人爲言艮爲言敗言爲讒爲離所焚故言敗故曰有攸往主人有言必讒也離變爲艮故言有所往往而見燒故主人有言言而見敗故必讒言攸音由純離爲牛易離上離下離畜牝牛吉故言純離爲牛牝頻忍切畜扶死切世亂讒勝勝將適離故曰其名曰牛離焚山則離勝譬世亂則讒勝山焚則離獨存故知名牛也賢牛非牝牛故不吉謙不足飛不翔謙道沖退故飛不遠翔垂不峻翼不廣峻高也翼垂下故不能廣遠故曰其爲子後乎不遠翔故知不遠去吾子亞卿也抑少不終旦日正卿之位莊叔父子世爲亞卿位不足以終盡卦體蓋引而致之

○楚子以屈申爲貳於吳乃殺之造生貳心以屈生爲莫敖生屈建子使與令尹子蕩如晉逆女過鄭鄭伯勞子蕩于氾勞屈生于菟氏氾菟氏皆鄭地過古禾切勞力報切後皆同氾徐扶嚴切菟大胡切晉侯送女于邢丘子產相鄭伯會晉侯于邢丘傳言楚強諸侯畏敬其使相息亮切使所吏切

○公如晉即位而往見見賢遍切自郊勞至于贈賄往有郊勞去有贈賄賄呼罪切無失禮揖讓之禮晉侯謂女叔齊曰魯侯不亦善於禮乎對曰魯侯焉知禮公曰何爲自郊勞至于贈賄禮無違者何故不知對曰是儀也不可謂禮禮所以守其國行其政令無失其民者也今政令在家在大夫大音汝焉於虔切不能取也有子家羈弗能用也羈莊公玄孫懿伯也羈居宜切奸大國之盟陵虐小國謂伐莒取鄆奸音干鄆音運利人之難謂往年莒亂而取鄫難乃旦切下及注同不知其私不自知有私難公室四分民食於他他謂三家也言魯君與民無異思莫在公不圖其終無爲公謀終始者思息吏切羣臣慮也又如字爲于僞切爲國君難將及身不恤其所禮之本末將於此乎在在恤民與憂國而屑屑焉習儀以亟言以習儀爲急屑先結切亟紀力切言善於禮不亦遠乎君子謂叔侯於是乎知禮時晉侯亦失政叔齊以此諷諫諷芳鳳切本亦作風音同

○晉韓宣子如楚送女叔向爲介鄭子皮子大叔勞諸索氏河南城皋縣東有大索城介音界大音泰索悉洛切大叔謂

叔向曰楚王汰侈已甚子其戒之叔向曰汰侈已甚身之災也焉能及人若奉吾幣帛愼吾威儀守之以信行之以禮敬始而思終終無不復事皆可復行爲於僞切從而不失儀從順也敬而不失威道之以訓辭奉之以舊法考之以先王以先王之禮成其好道音導好呼報切度之以二國度晉楚之勢而行之度待洛切雖汰侈若我何及楚楚子朝其大夫曰晉吾仇敵也苟得志焉無恤其他今其來者上卿上大夫也若吾以韓起爲閽刖足使守門閽音昏刖音月又五刮切以羊舌肸爲司宮加宮刑肸許乙切足以辱晉吾亦得志矣可乎大夫莫對薳啓彊曰可苟有其備何故不可恥匹夫不可以無備況恥國乎是以聖王務行禮不求恥人朝聘有珪珪以爲信享覜有璋享饗也覜見也既朝聘而享見也臣爲君使執璋覜他弔切徐他彫切璋音章享饗並許丈切鄭服皆以享爲獻耳見賢遍切爲于僞切使所吏切小有述職諸侯適天子曰述職釋文云述職述其所治國之功職也大有巡功天子巡守曰巡功釋文巡功巡所守之功績守手又切設机而不倚爵盈而不飲言務行禮机音几倚於綺切宴有好貨宴飲以貨爲好

衣服車馬在客所無好呼報切下同飧有陪鼎熟食爲飧陪加也加鼎所以厚殷勤飧音孫陪薄回切徐扶坏切入有郊勞賓至逆勞之於郊出有贈賄去則贈之以貨賄禮之至也國家之敗失之道也則禍亂興失朝聘宴好之道城濮之役在僖二十八年濮音卜晉無楚備以敗於邲在宣十二年言兵禍始於城濮邲皮必切邲之役楚無晉備以敗於鄢在成十六年鄢於晚切自鄢以來晉不失備而加之以禮重之以睦君臣和也重直用切是以楚弗能報而求親焉既獲姻親又欲恥之以召寇讎備之若何言何以爲備姻音因誰其重此言重怨若有其人恥之可也謂有賢人以敵晉則可恥之若其未有君亦圖之晉之事君臣曰可矣求諸侯而麇至麇羣也麇丘隕切又其郎切求昏而薦女薦進也君親送之上卿及上大夫致之猶欲恥之君其亦有備矣不然奈何韓起之下趙成中行吳魏舒范鞅知盈五卿位在韓起之下皆三軍之將佐也成趙武之子吳荀偃之子行戶郎切鞅於六切知音智將子匠切羊舌肸之下祁午張趯籍談女齊梁丙張骼輔躒苗賁皇皆諸侯之選也言非凡人趯他歷切骼古百切或音各躒力狄切又力各切本又作櫟同賁扶云切

（〔選〕息戀切）韓襄為公族大夫韓須受命而使矣（襄韓無忌子也為公族大夫須起之門子年雖幼已任出使〔使〕所吏切下注同〔任〕音壬）箕襄邢帶（二人韓氏族）叔禽叔椒子羽（皆韓起庶子）皆大家也韓賦七邑皆成縣也（成縣賦百乘也釋文韓賦七邑韓襄起之兄子箕襄邢帶二人韓氏族韓須叔禽叔椒子羽四人皆韓起子凡七人一邑〔乘〕繩證切下皆同）羊舌四族皆彊家也（四族銅鞮伯華叔向叔魚叔虎兄弟四人〔鞮〕丁兮切）晉人若喪韓起楊肸五卿八大夫（五卿）（趙成以下八大夫祁午以下〔喪〕息浪切楊肸叔向本羊舌氏食菜於楊故又號楊肸也）輔韓須楊石（石叔向子食我也〔食〕音嗣）因其十家九縣（韓氏七羊舌氏四而言十家舉大數也羊舌四家共二縣故但言彊家）長轂九百（長轂戎車也縣百乘〔轂〕古木切）其餘四十縣遺守四十（計遺守國者尚有四千乘〔遺〕唯季切）奮其武怒以報其大恥伯華謀之（伯華叔向兄）中行伯魏舒帥之（伯中行吳）其蔑不濟矣君將以親易怨（失婚姻之親）實無禮以速寇而未有其備使羣臣往遺之禽以逞君心何不可之有王曰不穀之過也大夫無辱（謝薳啓彊）厚為韓子禮王欲敖叔向以其所不知而不能（言叔向之多知〔敖〕五報切叔向以其所不知絕句多〔知〕如字又音智）亦厚其禮韓起反鄭伯

勞諸圉（圉鄭地名）辭不敢見禮也（奉使君命未反故〔見〕賢遍切）○鄭罕虎如齊娶於子尾氏（自為逆也〔娶〕七住切〔為〕于僞切）晏子驟見之陳桓子問其故對曰能用善人民之主也（謂授子產政〔驟〕仕救切）○夏莒牟夷以牟婁及防茲來奔非卿而書尊地也（尊重也重地故書以名其人終為不義）莒人愬于晉（愬魯受牟夷〔愬〕悉路切）晉侯欲止公范獻子曰不可人朝而執之誘也討不以師而誘以成之惰也為盟主而犯此二者無乃不可乎請歸之間而以師討焉（間暇也〔誘〕音酉〔惰〕徒卧切〔間〕音閑注同又如字）乃歸公秋七月公至自晉○莒人來討（討受牟夷）不設備戊辰叔弓敗諸蚡泉莒未陳也（嫌君臣異故重發例〔陳〕直覲切〔重〕直用切）○冬十月楚子以諸侯及東夷伐吳以報棘櫟麻之役（役在四年）薳射以繁揚之師會於夏汭（會楚子〔射〕食夜切又食亦切）越大夫常壽過帥師會楚子于瑣（瑣楚地〔過〕古禾切〔瑣〕素果切）聞吳師出薳啓彊帥師從之（從吳師也）遽不設備吳人敗諸鵲岸（廬江舒縣有鵲尾渚〔遽〕其據切〔岸〕五旦切）楚子以馹至於羅汭（馹傳也羅水名〔馹〕人實切〔傳〕中戀切）吳子使其弟蹶由犒師

犒勞(蹶)居衛切(犒)苦報切 楚人執之將以釁鼓王使問焉曰女卜來吉乎對

曰吉寡君聞君將治兵於敝邑卜之以守龜曰余亟使人犒師

請行以觀王怒之疾徐而爲之備尚克知之 言吳令龜如此(釁)許覲切(女)音汝(守)手又切下同(亟)紀力切 龜兆告吉曰克可知也君若驩焉好逆使臣滋敝

邑休怠 休解也(好)呼報切(使)所吏切下同(解)佳買切 而忘其死亡無日矣今君奮焉

震電馮怒 馮盛也(馮)皮冰切徐敷冰切 虐執使臣將以釁鼓則吳知所備矣

敝邑雖羸若早脩完 完器備(羸)力危切(完)音丸 其可以息師 息楚之師 難易有備

可謂吉矣且吳社稷是卜豈爲一人使臣獲釁軍鼓而敝邑知

備以禦不虞其爲吉孰大焉國之守龜其何事不卜 言常卜(易)以豉切(爲)于僞切(禦)魚呂切 一臧一否其誰能常之城濮之兆其報在邲 城濮戰楚卜吉其效乃在邲(否)悲矣切舊方有切 今此行也其庸有報志 言吳有報楚意 乃弗殺楚師

濟於羅汭沈尹赤會楚子次於萊山遠射帥繁揚之師先入南

懷楚師從之及汝清 南懷汝清皆楚界(萊)音來 吳不可入 有備 楚子遂觀兵於

坻箕之山 觀示也(觀)舊音官讀爾雅者皆官喚切(坻)直夷切 是行也吳早設備楚無功

左二十一　　十二　　卒文

而還以蹶由歸楚子懼吳使沈尹射待命于巢遠啓彊待命于

雩婁禮也 善有備(雩)音于徐況于切如淳同韋昭音虛(婁)力侯切徐力俱切如淳音樓 ○秦后子復

歸於秦 元年奔晉 景公卒故也 然五稔之言(稔)而甚切

經六年春王正月杞伯益姑卒 無同盟 ○葬秦景公○夏季孫宿

如晉○葬杞文公 無傳 ○宋華合比出奔衛 合比事君不以道自取奔亡書名罪之(華)戶化切(比)如字又毗志切 ○秋九月大雩○楚遠罷帥師伐吳 (罷)音皮 ○冬叔

弓如楚○齊侯伐北燕

傳六年春王正月杞文公卒弔如同盟禮也 魯怨杞因晉取其田而今不廢喪紀故禮之 大夫如秦葬景公禮也 合先王士弔大夫送葬之禮 ○三月鄭人鑄刑

書 鑄刑書於鼎以爲國之常法(鑄)之樹切 叔向使詒子產書 詒遺也(詒)以之切(遺)唯季切 曰始

吾有虞於子 虞度也言準度子產以爲己法(度)待洛切下同 今則已矣 已止也 昔先王議

事以制不爲刑辟懼民之有爭心也 臨事制刑不豫設法也法豫設則民知爭端(辟)婢亦

切丁皆同爭爭鬭之爭猶不可禁禦是故閑之以義閑防也禦魚呂切糾之以政糾舉也行之以禮守之以信奉之以仁奉養也制為祿位以勸其從勸從致嚴斷刑罰以威其淫淫放也斷丁亂切懼其未也故誨之以忠聳之以行聳懼也聳息勇切行下孟切教之以務時所急使之以和說以使民說音悅臨之以敬涖之以彊施之於事為涖涖音利又音類斷之以剛義斷恩猶求聖哲之上明察之官上公王也官卿大夫也忠信之長慈惠之師民於是乎可任使也而不生禍亂民知有辟則不忌於上權移於法故民不畏上長丁丈切並有爭心以徵於書而徼幸以成之因危文以生爭緣徼幸以成其巧偽徼本又作邀古堯切弗可為矣為治也夏有亂政而作禹刑商有亂政而作湯刑夏商之亂著禹湯之法言不能議事以制夏戶雅切周有亂政而作九刑周之衰亦為刑書謂之九刑三辟之興皆叔世也言刑書不起於始盛之世今吾子相鄭國作封洫在襄三十年相息亮切洫況域切立謗政作丘賦在四年謗布浪切制參辟鑄刑書制參辟謂用三代之末法參七南切一音三將以靖民不亦難乎詩曰儀式刑文王之德日靖四方詩頌

言文王以德為儀式故能日有安靖四方之功刑法也靖音靜又曰儀刑文王萬邦作孚詩大雅言文王作儀法為天下所信孚信也如是何辟之有言詩唯以德與信不以刑也民知爭端矣將棄禮而徵於書以刑書為徵錐刀之末將盡爭之錐刀末喻小事錐音佳盡如字亂獄滋豐賄賂並行終子之世鄭其敗乎肸聞之國將亡必多制數改法數所角切其此之謂乎復書曰若吾子之言復報也僑不才不能及子孫吾以救世也既不承命敢忘大惠以見箴戒為惠箴之林切士文伯曰火見鄭其火乎火心星也周五月昏見見賢遍切火未出而作火以鑄刑器刑器鼎也藏爭辟焉火如象之不火何為象類也同氣相求火未出而用火相感而致災○夏季孫宿如晉拜莒田也謝前年受牟夷邑不見討晉侯享之有加籩籩豆之數加於常禮武子退使行人告曰小國之事大國也苟免於討不敢求貺貺賜也貺音況得貺不過三獻周禮大夫三獻今豆有加下臣弗堪無乃戾也懼以不堪為罪韓宣子曰寡君以為驩也以加禮致驩心驩音歡對曰寡君猶未敢未敢當此加也況下臣君之隸也敢聞加貺固請徹加而後卒

事晉人以爲知禮重其好貨〔宴好之貨 好呼報切〕○宋寺人柳有寵〔有寵於平公 寺本又作侍 柳良九切寺人名〕大子佐惡之華合比曰我殺之

柳聞之乃坎用牲埋書〔詐爲盟處 處昌慮切〕而告公曰合比將納亡人之族〔二人華臣也襄十七年奔衛〕既盟于北郭矣公使視之有焉遂逐華合比

合比奔衛於是華亥欲代右師〔亥合比弟欲得合比處〕乃與寺人柳比從爲之徵曰聞之久矣〔聞合比欲納華臣 比毗志切〕公使代之〔代合比爲右師〕見於左師〔左師向戌 見賢遍切又如字〕左師曰女夫也必亡〔夫謂華亥 女音汝下 并注同 夫方于切〕女

喪而宗室於人何有人亦於女何有〔言人亦不能愛女 喪息浪切〕詩曰宗子維城毋俾城壞毋獨斯畏〔詩大雅言宗子之固若城 俾使也 俾必爾切〕女其畏哉 二爲

〔十年華亥出奔傳〕○六月丙戌鄭災〔終士文伯之言〕○楚公子棄疾如晉報韓子也〔報前年送女〕過鄭鄭罕虎公孫僑游吉從鄭伯以勞諸柤辭不敢見〔不敢當國之勞 柤鄭地 過古卧切又古禾切 如字 勞力報切下同 柤側加切 見賢遍切下見王見同〕私

固請見之見如見王〔言見鄭伯如見楚王 棄疾共而有禮〕以其乘馬八匹私面〔私見鄭伯 乘繩證切〕見子皮如上卿〔如見楚卿〕以馬六匹見子產以馬四匹見子大叔以馬二匹〔降殺以兩 殺所界切〕禁芻牧採樵不入田〔不犯田種 種 切 俱切 紗溪切〕不樵樹不采蓺〔蓺種也〕不抽屋不強匄誓曰有犯命者君子廢小人降〔君子則廢黜不得居位小人則退給下劇也 抽敕留切 強其丈切又其良切 匄本或作丐音蓋乞也 說文作匄逯安說亡人爲匄 匄敖律切〕舍不爲暴主不慁賓〔慁患也 慁戶困切〕往來如是

鄭三卿皆知其將爲王也〔三卿罕虎公孫僑游吉〕韓宣子之適楚也楚人弗逆公子棄疾及晉竟晉侯將亦弗逆叔向曰楚辟我衷〔辟邪也 衷正也 竟音境 辟匹亦切下同 衷音忠 邪似嗟切〕若何效辟詩曰爾之教矣民胥效矣〔詩小雅言上教下效 效戶孝切〕從我而已焉用效人之辟書曰聖作則〔逸書 則法也 焉於虔切〕無寧以善人爲則〔無寧寧也〕而則人之辟乎匹夫爲善民猶則之況國君乎晉侯說乃逆之〔傳言叔向知禮 說音悅〕○秋九月大雩旱也○

徐儀楚聘于楚〔儀楚徐大夫〕楚子執之逃歸懼其叛也使薳洩伐徐〔薳洩楚大夫 洩息列切〕吳人救之令尹子蕩帥師伐吳師于豫章而次于

乾谿乾谿在譙國城父縣南東竟(谿)苦兮切(父)音甫吳人敗其師於房鍾房鍾吳地獲宮廄
尹棄疾闘韋龜之父(廄)九又切子蕩歸罪於薳洩而殺之歸罪於薳洩不以敗告故不書
○冬叔弓如楚聘且弔敗也弔爲吳所敗○十一月齊侯如晉請伐
北燕也告主盟士匄相士鞅逆諸河禮也士匄晉大夫相爲介得敬逆來者之禮(匄)古害
切本或作丐(相)息亮切(鞅)於丈切今傳本皆作士匄相士鞅古本士匄或作王正董遇王肅本同學者皆以士匄是范宣子即
士鞅之父不應取其父同姓名人以爲介今傳本誤也依王正爲是王元規云古人質口不言之耳何妨爲介也案士文伯是
士鞅之族亦名匄無妨今相范鞅即文伯也然士文伯名古本或有作正者解見前卷襄三十一年(介)音界晉侯許
之十二月齊侯遂伐北燕將納簡公簡公北燕伯三年出奔齊晏子曰不入
燕有君矣民不貳吾君賄左右諂諛作大事不以信未嘗可也
爲明年暨齊平傳(諂)敕檢切(諛)羊朱切
經七年春王正月暨齊平暨與也燕與齊平前年冬齊伐燕間無異事故不重言燕從可知(暨)其器
切傳同(重)直用切○三月公如楚叔孫婼如齊涖盟無傳公將遠適楚故叔孫如齊尋舊
好(婼)敕略切徐音釋(好)呼報切○夏四月甲辰朔日有食之○秋八月戊辰衛

侯惡卒元年大夫盟于虢○九月公至自楚○冬十有一月癸未季孫
宿卒○十有二月癸亥葬衛襄公
傳七年春王正月暨齊平齊求之也齊伐燕燕人賂之反從求平如晏子言癸巳
齊侯次于虢虢燕竟(虢)瓜百切(竟)音境燕人行成曰敝邑知罪敢不聽命先
君之敝器請以謝罪敝器瑤甕玉櫝之屬(瑤)音遙(甕)烏送切徐於容切(櫝)徒木切公孫晳曰
受服而退俟釁而動可也晳齊大夫(晳)星曆切徐思益切(釁)許覲切二月戊午盟于
濡上濡水出高陽縣東北至河間鄚縣入易水(濡)徐音須說文女于切一音而又切又而于切(鄚)音莫本又作莫燕
人歸燕姬嫁女與齊侯賂以瑤甕玉櫝斝耳不克而還瑤玉也櫝匱也斝耳玉爵
(斝)古雅切又音嫁禮記夏曰醆殷曰斝周曰爵說文斝從斗(匱)其位切○楚子之爲令尹也爲王
旌以田析羽爲旌王旌游至於軫(旌)音精(析)星曆切(游)音由(軫)之忍切芋尹無宇斷之曰一國
兩君其誰堪之及即位爲章臺之宮納亡人以實之章臺南郡華容縣(芋)
于付切(斷)音短無宇之閽入焉有罪亡入章華宮無宇執之有司弗與王有司也曰
執人於王宮其罪大矣執而謁諸王執無宇也王將飲酒遇其歡也無宇

辭曰天子經略經營天下略有四海故曰經略諸侯正封封疆有定分疆居良切分扶問切古
之制也封略之內何非君土食土之毛誰非君臣毛草也故詩曰
普天之下莫非王土率土之濱莫非王臣詩小雅濱涯也濱本或作濵音同毛傳云
大也濵音賓涯五佳切天有十日甲至癸人有十等王至臺下所以事上上所
以共神也故王臣公公臣大夫大夫臣士士臣皁皁臣輿輿臣
隸隸臣僚僚臣僕僕臣臺馬有圉牛有牧養馬曰圉養牛曰牧共音恭圉魚呂切
以待百事今有司曰女胡執人於王宮將焉執之周文王之法
曰有亡荒閱荒大也閱蒐也有亡人當大蒐其衆女音汝焉於虔切閱音悅蒐所求切所以得天下
也吾先君文王楚文王作僕區之法僕區刑書名區烏侯切徐如字服云僕隱也區匿也為隱
匿亡人之法也曰盜所隱器隱盜所得器與盜同罪所以封汝也行善法故能啓疆北
至汝水若從有司是無所執逃臣也逃而舍之是無陪臺也言皆將逃
王事無乃闕乎昔武王數紂之罪以告諸侯曰紂為天下逋逃
主萃淵藪萃集也天下逋逃悉以紂為淵藪集而歸之數色具切又色主切逋布吳切萃在醉切藪素口切故

夫致死焉人欲致死討紂夫音扶又方于切君王始求諸侯而則紂無乃不可
乎若以二文之法取之盜有所在矣言王亦為盜王曰取而臣以往
往去也盜有寵未可得也盜有寵王自謂為葬靈王張本遂赦之赦無宇○楚子成章
華之臺願與諸侯落之宮室始成祭之為落臺今在華容城內大宰薳啓疆曰臣
能得魯侯薳啓疆來召公辭曰昔先君成公命我先大夫嬰齊
曰吾不忘先君之好將使衡父照臨楚國鎮撫其社稷以輯寧
爾民嬰齊受命于蜀蜀盟在成二年衡父公衡好呼報切輯音集又七入切奉承以來弗
敢失隕而致諸宗祧言奉成公此語以告宗廟隕于敏切祧他彫切曰我先君共王引
領北望日月以冀冀魯朝共音恭傳序相授於今四王矣四王共康郟敖及靈王傳
直專切郟古洽切嘉惠未至唯襄公之辱臨我喪襄公二十八年如楚臨康王喪孤與
其二三臣悼心失圖在哀喪故社稷之不皇況能懷思君德皇暇也言有大
喪多不暇今君若步玉趾辱見寡君趾足也寵靈楚國以信蜀之役致
君之嘉惠是寡君既受貺矣何蜀之敢望言但欲使君來不敢望如蜀復有質子復

扶又切〔質〕音致又如字其先君鬼神實嘉賴之豈唯寡君君若不來使臣
請問行期問曾見伐之期〔使〕所吏切寡君將承質幣而見于蜀以請先君之
貺請問也〔質〕音至徐之二切又如字〔見〕賢遍切公將往夢襄公祖祖祭道神梓愼曰君不
果行襄公之適楚也夢周公祖而行今襄公實祖君其不行子
服惠伯曰行先君未嘗適楚故周公祖以道之襄公適楚矣而
祖以道君不行何之三月公如楚鄭伯勞于師之梁鄭城門〔道〕音導〔勞〕力報切
孟僖子爲介不能相儀僖子仲孫貜〔介〕音界〔相〕息亮切〔貜〕俱縛切又俱碧切及楚不能荅
郊勞爲下僖子病不能相禮張本○夏四月甲辰朔日有食之晉侯問於士
文伯曰誰將當日食對曰魯衛惡之受其凶惡〔惡〕如字或烏路切非也衛大魯
小公曰何故對曰去衛地如魯地衛地豕韋也魯地降婁也日食於豕韋之末及降婁之始
乃息故禍在衛大在魯小也周四月今二月故日在降婁〔降〕戶江切於是有災魯實受之災發於衛而魯
受其餘禍其大咎其衛君乎魯將上卿八月衛侯卒十一月季孫宿卒〔咎〕其九切公曰詩
所謂彼日而食于何不臧者何也感日食而問詩對曰不善政之謂也

國無政不用善則自取謫于日月之災謫譴也〔謫〕直革切〔譴〕遣戰切故政不
可不愼也務三而已一曰擇人擇賢人二曰因民因民所利而利之三曰
從時順四時之所務○晉人來治杞田前汝叔侯不盡歸今公適楚晉人恨故復來治杞田〔復〕扶又切
下復伐同季孫將以成與之成孟氏邑本杞田謝息爲孟孫守不可謝息僖子家臣
〔爲〕于僞切下爲杞同〔守〕手又切下守臣同曰人有言曰雖有挈缾之知守不假器禮
也挈缾汲者喻小知爲人守器猶知不以借人〔挈〕苦結切〔缾〕蒲丁切〔知〕音智注小知同〔汲〕音急〔借〕子夜切夫子從
君而守臣喪邑夫子謂孟僖子從公如楚〔喪〕息浪切雖吾子亦有猜焉言季孫亦將疑我不
忠〔猜〕七才切季孫曰君之在楚於晉罪也言晉罪君之在楚又不聽晉魯罪
重矣晉師必至吳無以待之不如與之間晉而取諸杞候晉間隙可復
伐杞取之〔間〕如字吾與子桃魯國汴縣東南有桃虛〔虛〕起居切成反誰敢有之是得二
成也魯無憂而孟孫益邑子何病焉辭以無山與之萊柞萊柞二山
〔萊〕音來〔柞〕子洛切又音昨乃遷于桃謝息遷也晉人爲杞取成不書非公命○楚子享
公于新臺章華臺也使長鬣者相鬣鬚也欲光夸魯侯〔鬣〕力輒切〔相〕息亮切〔鬚〕音須〔夸〕苦華切好

以大屈（宴好之賜大屈弓名〔好〕呼報切注同〔屈〕居勿切大屈弓名服同又云大曲也賈云寶金可以為劍出大屈地）既而悔之薳啓彊聞之見公公語之拜賀公曰何賀對曰齊與晉越欲此久矣寡君無適與也而傳諸君君其備禦三鄰（言齊晉越將伐魯而取之〔見〕賢遍切〔語〕魚據切〔適〕丁歷切〔傳〕直專切〔禦〕魚呂切）慎守寶矣敢不賀乎公懼乃反之（傳言楚靈不信所以不終）○鄭子產聘于晉晉侯有疾韓宣子逆客私焉（私語）曰寡君寢疾於今三月矣並走羣望（晉所望祀山川皆走往祈禱〔祈〕音其〔禱〕丁老切又丁報切）有加而無瘳今夢黃熊入于寢門其何厲鬼也對曰以君之明子為大政其何厲之有昔堯殛鯀于羽山（羽山在東海祝其縣西南〔瘳〕敕留切〔熊〕音雄獸名亦作能如字一音奴能三足鼈也解者云獸非入水之物故是鼈也一曰既為神何妨是獸案說文及字林皆云能熊屬足似鹿然則能既熊屬又為鼈類今本作能者勝也東海人祭禹廟不用熊白及鼈為膳斷豈鯀化為二物乎〔殛〕紀力切誅也本又作極音義同〔鯀〕古本切及注同）其神化為黃熊以入于羽淵實為夏郊三代祀之（鯀禹父夏家郊祭之歷殷周二代又通在羣神之數并見祀〔夏〕戶雅切并及注同）晉為盟主其或者未之祀也乎（言周衰晉為盟主得佐天子祀羣神）韓子祀

夏郊（祀鯀）晉侯有間（間差也〔差〕初賣切）賜子產莒之二方鼎（方鼎莒所貢）○子產為豐施歸州田於韓宣子（豐施鄭公孫段之子三年晉以州田賜段〔為〕于偽切下為初言同）曰日君以夫公孫段為能任其事而賜之州田今無祿早世不獲久享君德其子弗敢有不敢以聞於君私致諸子（此年正月公孫段卒〔夫〕音扶〔任〕音壬下同）宣子辭子產曰古人有言曰其父析薪其子弗克負荷（荷擔也以微薄喻貴重〔析〕星歷切〔荷〕本亦作何何可切又音河〔擔〕丁甘切）施將懼不能任其先人之祿其況能任大國之賜縱吾子為政而可後之人若屬有疆場之言敝邑獲戾（恐後代宣子者將以鄭取晉邑罪鄭〔疆〕居良切〔場〕音亦）而豐氏受其大討吾子取州是免敝邑於戾而建置豐氏也敢以為請（傳言子產貞而不諒）宣子受之以告晉侯晉侯以與宣子宣子為初言病有之（初言謂與趙文子爭州田）以易原縣於樂大心（樂大心宋大夫原晉邑以賜樂大心也）○鄭人相驚以伯有曰伯有至矣則皆走不知所往（襄三十年鄭人殺伯有言其鬼至）鑄刑書之歲二月（在前年）或夢伯有介而行（介甲也〔介〕音界）曰壬子余將

殺帶也（駟帶助子晳殺伯有壬子十六年三月三日）明年壬寅余又將殺段也（公孫段豐氏黨）
（壬寅此年正月二十八日）及壬子駟帶卒國人益懼齊燕平之月（此年正月）壬寅
公孫段卒國人愈懼其明月子產立公孫洩及良止以撫之乃
止（公孫洩子孔之子也襄十九年鄭殺子孔良止伯有子也立以為大夫使有宗廟〔洩〕息列切）子大叔問其
故子產曰鬼有所歸乃不為厲吾為之歸也大叔曰公孫洩何
為（子孔不為厲問何為復立洩〔復〕扶又切）子產曰說也為身無義而圖說（伯有無義以妖
鬼故立之恐惑民并立洩使若自以大義存誅絕之後者以解說民心〔說〕如字徐始銳切）從政有所反之以
取媚也（民不可使知之故治政或當反道以求媚於民〔治〕直吏切）不媚不信（說而後信之〔說〕音悅）不信
民不從也及子產適晉趙景子問焉（景子晉中軍佐趙成）曰伯有猶能為
鬼乎子產曰能人生始化曰魄（魄形也〔魄〕普白切）既生魄陽曰魂（陽神氣也）
用物精多則魂魄強（物權勢）是以有精爽至於神明（爽明也）匹夫匹
婦強死其魂魄猶能馮依於人以為淫厲（強死不病也人謂匹夫匹婦賤身〔強〕其丈
切下同〔馮〕皮氷切下同）況良霄我先君穆公之冑子良之孫子耳之子敝
邑之卿從政三世矣鄭雖無腆（腆厚也〔冑〕直又切從政三世矣子良公子去疾生子耳公孫輒
輒生伯有良霄三世為鄭卿〔腆〕他典切）抑諺曰蕞爾國（蕞小貌〔蕞〕在最切）而三世執其政
柄其用物也弘矣其取精也多矣其族又大所馮厚矣（良霄魂魄所馮
者貴重〔柄〕彼命切）而強死能為鬼不亦宜乎（傳言子產之博敏）○子皮之族飲
酒無度（相尚以奢相困以酒）故馬師氏與子皮氏有惡（馬師氏公孫鉏之子罕朔也襄三十
年馬師頡出奔公孫鉏代之為馬師與子皮俱同一族〔鉏〕仕居切〔頡〕戶結切）齊師還自燕之月（在此年二
月）罕朔殺罕魋（魋子皮弟〔魋〕徒回切）罕朔奔晉韓宣子問其位於子產（問朔
可使在何位）子產曰君之羈臣苟得容以逃死何位之敢擇卿違從
大夫之位（謂以禮去者降位一等）罪人以其罪降（罪重則降多）古之制也朔於敝
邑亞大夫也其官馬師也（大夫位馬師職）獲戾而逃唯執政所寘之得
免其死為惠大矣又敢求位宣子為子產之敏也使從嬖大夫
（為子產故使降一等不以罪降〔寘〕之豉切〔為〕于偽切注同〔嬖〕必計切）○秋八月衛襄公卒晉大夫
言於范獻子曰衛事晉為睦（睦和也）晉不禮焉庇其賊人而取其

地賊人孫林父其地戚也閟必利切又音秘故諸侯貳詩曰鶺鴒在原兄弟急難詩小
雅鶺鴒渠也飛則鳴行則搖喻兄弟相救於急難不可自舍鶺本又作即精亦切鴒本又作令力丁切難如字又乃旦切搖
音遙又以照切又曰死喪之威兄弟孔懷威畏也言有死喪則兄弟宜相懷恩兄弟之不
睦於是乎不弔不相弔恤況遠人誰敢歸之今又不禮於衛之嗣嗣新
君也衛必叛我是絕諸侯也獻子以告韓宣子宣子說使獻子如
衛弔且反戚田傳言戚田所由還衛說音悅還音環衛齊惡告喪于周且請命王
使成簡公如衛弔簡公王卿士也且追命襄公曰叔父陟恪在我先王
之左右以佐事上帝陟登也恪敬也帝天也叔父謂襄公命如今之哀策恪苦各切余敢忘高
圉亞圉二圉周之先也爲殷諸侯亦受殷王追命者圉魚呂切○九月公至自楚孟僖子
病不能相禮不能相儀荅郊勞以此爲己病釋文病不能相禮本或作病不能禮相息亮切勞力報切乃
講學之講習也苟能禮者從之及其將死也二十四年孟僖子卒傳終言之召其
大夫僖子屬大夫曰禮人之幹也無禮無以立吾聞將有達者曰孔
丘僖子卒時孔丘年三十五聖人之後也聖人殷湯而滅於宋孔子六代祖孔父嘉爲宋督所殺其

子奔魯其祖弗父何以有宋而授厲公弗父何孔父嘉之高祖宋閔公之子厲公之兄何適
嗣當立以讓厲公適丁歷切及正考父弗父何之曾孫佐戴武宣三人皆宋君三命茲益
共三命上卿也言位高益共故其鼎銘云考父廟之鼎一命而僂再命而傴三命
而俯俯共於傴傴共於僂僂力主切傴紆甫切循牆而走言不敢安行亦莫余敢侮其共如是
亦不敢侮慢之侮亡甫切饘於是鬻於是以餬余口於是鼎中爲饘鬻餬屬言至儉饘之然切
鬻之六切孫炎云淖糜也餬音胡其共也如是臧孫紇有言紇武仲也曰聖人有明
德者若不當世其後必有達人聖人之後有明德而不當大位謂正考父今其將在
孔丘乎我若獲沒得以壽終必屬說與何忌於夫子使事之說南宮敬叔何
忌孟懿子皆僖子之子屬音燭說音悅而學禮焉以定其位知禮則位安故孟懿子與南
宮敬叔師事仲尼仲尼曰能補過者君子也詩曰君子是則是
效詩小雅孟僖子可則效已矣○單獻公棄親用羈獻公周卿士單靖公之子
頃公之孫羈寄客也單音善○冬十月辛酉襄頃之族殺獻公而立成公襄公
頃公之父成公獻公弟頃音傾○十一月季武子卒晉侯謂伯瑕伯瑕士文伯曰吾

所問日食從之可常乎衛侯武子皆卒故對曰不可六物不同各異時民
心不壹政敎殊事序不類有變易官職不則治官居職非一法同始異終胡
可常也詩曰或燕燕居息或憔悴事國詩小雅言不同憔在遥切詩作盡瘁在醉切
其異終也如是公曰何謂六物對曰歲時日月星辰是謂也公
曰多語寡人辰而莫同何謂辰對曰日月之會是謂辰一歲日月十二
會所會謂之辰語魚據切故以配日謂以子丑配甲乙○衛襄公夫人姜氏無子姜氏
宣姜嬖人婤姶生孟縶孔成子夢康叔謂己立元成子衛卿孔達之孫烝鉏也元
孟縶弟夢時元未生婤音周又直周切徐敎周切姶烏荅切縶張立切烝之承切余使羈之孫圉與史
苟相之羈烝鉏子苟史朝子羈居宜切相息亮切朝如字史朝亦夢康叔謂己余將命
而子苟與孔烝鉏之曾孫圉相元史朝見成子告之夢夢協協合
也晉韓宣子爲政聘于諸侯之歲在二年婤姶生子名之曰元孟
縶之足不良能行跛也跛波我切孔成子以周易筮之曰元尚享衛國
主其社稷令蓍辭遇屯䷂震下坎上屯屯張倫切又曰余尚立縶尚克嘉之

嘉善也遇屯䷂之比䷇坤下坎上比屯初九爻變比毗志切以示史朝史朝曰元享
又何疑焉周易曰屯元享享許庚切成子曰非長之謂乎言屯之元享謂年長非謂名元長丁
丈切對曰康叔名之可謂長矣善之長也名如字徐武政切孟非人也將不列
於宗不可謂長足跛非全人不可列爲宗主且其繇曰利建侯繇卦辭繇直又切嗣
吉何建建非嗣也嗣子有常位故無所卜又無所建今以位不定卜嗣得吉則當從吉而建之也釋文言何
建本或作可建二卦皆云謂再得屯卦皆有建侯之文子其建之康叔命之二卦告
之筮襲於夢武王所用也弗從何爲外傳云大誓曰朕夢協朕卜襲於休祥戎商必克此
武王辭弱足者居跛則偏弱居其家不能行侯主社稷臨祭祀奉民人事鬼神
從會朝又焉得居各以所利不亦可乎孟跛利居元吉利建焉於虔切故孔成
子立靈公十二月癸亥葬衛襄公靈公元也

春秋左氏傳卷第二十一

春秋經傳集解昭三第二十二

杜氏　盡十二年

經八年春陳侯之弟招殺陳世子偃師以首惡從殺例故稱弟又稱世子招常遙切○夏四月辛丑陳侯溺卒襄二十七年大夫盟于宋溺乃歷切○叔弓如晉○楚人執陳行人干徵師殺之稱行人明非行人罪干古丹切○陳公子留出奔鄭留爲招所立未成君而出奔○秋蒐于紅革車千乘不言大者經文闕也紅魯地沛國蕭縣西有紅亭遠疑蒐所求切紅戶東切乘繩證切闕音月○大雩無傳不旱而秋雩過也○冬十月壬午楚師滅陳不稱將帥不以告壬午月十八日將子匠切帥所類切○執陳公子招放之于越無傳復稱公子見已卒復扶又切○殺陳孔奐無傳招之黨楚殺之奐呼亂切○葬陳哀公嬖人袁克葬之魯往會故書嬖必計切

傳八年春石言于晉魏榆魏榆晉地服云魏邑也榆州里名晉侯問於師曠曰石何故言對曰石不能言或馮焉謂有精神馮依石而言馮皮冰切不然民聽濫也濫失也濫力暫切抑臣又聞之抑疑辭曰作事不時怨讟動于民則

有非言之物而言今宮室崇侈民力彫盡彫傷也讟徒木切侈昌氏切又尺氏切怨讟並作莫保其性性命也民不敢自保其性命石言不亦宜乎於是晉侯方築虒祁之宮虒祁地名在絳西四十里臨汾水虒音斯祁巨之切又臣之切汾扶云切叔向曰子野之言君子哉子野師曠字君子之言信而有徵故怨遠於其身怨咎遠其身也遠于萬切咎其九切小人之言僭而無徵故怨咎及之詩曰哀哉不能言匪舌是出唯躬是瘁詩小雅也不能言謂不知言理以僭言見退者其言非不從舌出以僭而無信自取瘁病故哀之僭子念切出如字又尺遂切瘁在醉切哿矣能言巧言如流俾躬處休其是之謂乎哿嘉也巧言如流謂非正言而順敘以聽言見答者言其可嘉以信而有徵自取安逸師曠此言緣問流轉終歸于諫故以比巧言如流也當叔向時詩義如此故與今說詩者小異哿古可切毛詩傳云可也俾必爾切本又作卑休許虬切美也是宮也成諸侯必叛君必有咎夫子知之矣謂十年晉侯彪卒傳○陳哀公元妃鄭姬生悼大子偃師元妃嫡夫人也嫡本又作適丁歷切二妃生公子留下妃生公子勝二妃嬖留有寵屬諸司徒招與公子過招及過皆哀公弟也勝升證切又音升屬音燭哀公有廢疾三月甲申公子招公子

過殺悼大子偃師而立公子留夏四月辛亥哀公縊憂恚自殺經書
辛丑從赴甫肺切縊一豉切恚一睡切干徵師赴于楚干徵師陳大夫且告有立公子勝
愬之于楚以招過殺偃師告愬也楚人執而殺之殺干徵師公子留奔鄭書曰
陳侯之弟招殺陳世子偃師罪在招也楚人執陳行人干徵師
殺之罪不在行人也疑為招赴楚當同罪故重發之為于偽切下為子為之同重直用切○叔弓
如晉賀虒祁也賀宮成游吉相鄭伯以如晉亦賀虒祁也史趙見
子大叔曰甚哉其相蒙也蒙欺也相息亮切下而相同可弔也而又賀之子
大叔曰若何弔也其非唯我賀將天下實賀言諸侯畏晉非獨鄭君何弔也本或
作若可弔也○秋大蒐于紅自根牟至于商衛革車千乘大蒐數軍實簡車馬
也根牟魯東界琅邪陽都縣有牟鄉商宋地魯西境接宋衛也言千乘明大蒐且見魯衆之大數也乘繩證切數色主切見賢
遍切下同○七月甲戌齊子尾卒子旗欲治其室子旗欒施也欲并治子尾之家政
丁丑殺梁嬰梁嬰子尾家宰八月庚戌逐子成子工子車三子齊大夫子尾之屬
成頃公子固也子工成之弟鑄也子車頃公之孫捷也頃音傾下同鑄之樹切捷在接切皆來奔非卿不書而立

子良氏之宰子良子尾之子高彊也子旗為子良立宰其臣曰孺子長矣孺子謂子良孺而樹
切本亦作孺長丁丈切而相吾室欲兼我也兼并也授甲將攻之陳桓子善
於子尾亦授甲將助之或告子旗子旗不信則數人告將往又
數人告於道遂如陳氏桓子將出矣聞之而還聞子旗至數色主切下同游
服而逆之去戎備著常游戲之服去起呂切著張略切請命問桓子所至對曰聞彊氏授
甲將攻子子聞諸曰弗聞子盍亦授甲無宇請從無宇桓子名盍胡臘切從
才用切子旗曰子胡然彼孺子也吾誨之猶懼其不濟吾又寵秩
之請為之立宰其若先人何子盍謂之謂之使無攻我周書曰惠不惠茂不
茂周書康誥也言當施惠於不惠者勸勉於不勉者茂勉也康叔所以服弘大也服行也桓子
稽顙曰頃靈福子頃公靈公欒氏所事之君稽音啓顙素黨切吾猶有望望子旗惠及己遂
和之如初和欒高二家○陳公子招歸罪於公子過而殺之言招所以不死
而得放九月楚公子棄疾帥師奉孫吳圍陳孫吳悼大子偃師之子惠公宋戴
惡會之戴惡宋大夫冬十一月壬午滅陳壬午十月十八日傳言十一月誤輿嬖

袁克殺馬毀玉以葬（輿衆也袁克嬖人之責者欲以非禮厚葬哀公）楚人將殺之請寘之（置馬玉寘之豉切）既又請私（私盡君臣恩）私於幄加絰於顙而逃（幄帳也逃不欲爲楚臣幄於角切絰直結切）使穿封戌爲陳公（戌楚大夫滅陳爲縣使戌爲縣公穿音川戌音恤）曰城麇之役不諂（成麇役在襄二十六年戌與靈王爭皇頡麇九倫切諂勑檢切頡戶結切）侍飲酒於王王曰城麇之役女知寡人之及此女其辟寡人乎（及此謂爲王女音汝下同）對曰若知君之及此臣必致死禮以息楚國（息寧靜也）晉侯問於史趙曰陳其遂亡乎對曰未也公曰何故對曰陳顓頊之族也（陳祖舜舜出顓頊顓音專頊許玉切）歲在鶉火是以卒滅陳將如之（顓頊氏以歲在鶉火而滅火盛而水滅鶉市春切）今在析木之津猶將復由（箕斗之間有天漢故謂之析木之津由用也析星歷切復扶又切一音服）且陳氏得政于齊而後陳卒亡（物莫能兩盛）自幕至于瞽瞍無違命（幕舜之先瞽瞍舜父從幕至瞽瞍間無違天命廢絕者幕音莫瞽音古瞍素口切）舜重之以明德寘德於遂（遂舜後蓋殷之興存舜之後而封遂言舜德乃至於遂重直用切）遂世守之及胡公不淫故周賜之姓使祀虞帝（胡公滿遂之後也事周武王賜姓曰嬀封諸陳紹舜後嬀九危切）臣聞盛德必百世祀虞之世數未也繼守將在齊其兆既存矣（言陳氏興盛於齊形兆已見見賢遍切）

經九年春叔弓會楚子于陳（以事往非行會禮）○許遷于夷（許畏鄭欲遷故以自遷爲文）○夏四月陳災（天火曰災陳既已滅降爲楚縣而書陳災者猶晉之梁山沙鹿崩不書晉災言繫於所災所害故以所在爲名）○秋仲孫貜如齊（貜俱縛切徐俱碧切）○冬築郎囿（囿音又苑也於郎地築苑舊于目切）

傳九年春叔弓宋華亥鄭游吉衛趙黶會楚子于陳（楚子在陳故四國大夫往非盟主所召不行會禮故不摠書黶於減切）○二月庚申楚公子棄疾遷許于夷實城父（此時改城父爲夷故傳實之城父縣屬譙郡）取州來淮北之田以益之（益許田）伍舉授許男田然丹遷城父人於陳以夷濮西田益之（以夷田在濮水西者與城父人濮音卜）遷方城外人於許（成十五年許遷於葉因謂之許今許遷於夷故以方城外人實其處傳言靈王使民不安葉始涉切處昌慮切）○周甘人與晉閻嘉爭閻田（甘人甘大夫襄也閻嘉晉閻縣大夫閻似廉切）晉梁丙張趯率陰戎伐潁（陰戎陸渾之戎潁周邑趯他歷切）王使

詹桓伯辭於晉辭責讓之桓伯周大夫詹之廉切曰我自夏以后稷魏駘芮岐
畢吾西土也在夏世以后稷功受此五國爲西上之長駘在始平武功縣所治釐城岐在扶風美陽縣西北夏戶
雅切駘他來切依字應作邰芮如銳切岐其宜切長丁丈切下師長同邰直吏切釐本又作斄他來切又音來又力之切及
武王克商蒲姑商奄吾東土也樂安博昌縣北有蒲姑城蒲如字一音薄奄於檢切樂音洛
巴濮楚鄧吾南土也肅慎燕亳吾北土也肅慎北夷在玄菟北三千餘里巴必加切
燕於賢切亳步各切吾何邇封之有邇近也文武成康之建母弟以蕃屏周
亦其廢隊是爲爲後世廢隊兄弟之國當救濟之蕃方元切屏必井切隊直類切爲于僞切豈如弁
髦而因以敝之童子垂髦始冠必三加冠成禮而棄其始冠故言弁髦因以敝之弁皮彥切本又作卞髦音毛
冠古亂切先王居檮杌于四裔以禦螭魅言檮杌略舉四凶之一下言四裔則三苗在其中檮
徒刀切杌五忽切裔以制切禦魚呂切螭勑知切魅本又作鬽武冀切故允姓之姦居于瓜州允姓
陰戎之祖與三苗俱放三危者瓜州今敦煌瓜古華切敦都門切煌音皇伯父惠公歸自秦而誘以
來僖十五年晉惠公自秦歸二十二年秦晉遷陸渾之戎於伊川使偪我諸姬入我郊甸則戎
焉取之邑外爲郊郊外爲甸言戎取周郊甸之地偪彼力切甸徒遍切焉於虔切又如字戎有中國誰

之咎也咎在晉咎其九切后稷封殖天下今戎制之不亦難乎后稷修封疆殖
五穀今戎得之唯以畜牧殖時力切疆居良切畜許又切又許六切牧音目又音茂伯父圖之我在伯父
猶衣服之有冠冕木水之有本原民人之有謀主也民人謀主宗族之師
長伯父若裂冠毀冕拔本塞原專棄謀主雖戎狄其何有余一
人伯父猶然則雖戎狄無所可責晉率陰戎伐周邑故云然叔向謂宣子曰文之伯也豈能
改物言文公雖伯未能改正朔易服色伯如字又音霸翼戴天子而加之以共翼佐也自
文以來世有衰德而暴滅宗周宗周天子以宣示其侈諸侯之貳不
亦宜乎且王辭直子其圖之宣子說王有姻喪外親之喪說音悅使趙
成如周弔且致閻田與襚襚送死衣襚音遂反潁俘王亦使賓滑執甘
大夫襄以說於晉晉人禮而歸之賓滑周大夫俘芳夫切滑乎八切又于八切說如字又音
悅○夏四月陳災鄭裨竈曰五年陳將復封封五十二年而遂
亡子產問其故對曰陳水屬也陳顓頊之後故爲水屬復扶又切下注復封同火水妃
也火畏水故爲之妃妃芳非切又音配而楚所相也相治也楚之先祝融爲高辛氏火正主治火事相息亮切

注同今火出而火陳（火心星也火出於周為五月而以四月出者以長曆推前年誤置閏）逐楚而建

陳也（水得妃而興陳興則楚衰故曰逐楚而建陳）妃以五成故曰五年（妃合也五行各相妃合得

五而成故五歲而陳復封為十三年陳侯吳歸于陳傳〔妃〕音配注同）歲五及鶉火而後陳卒亡

楚克有之天之道也故曰五十二年（是歲歲在星紀五歲及大梁而陳復封自大梁四歲

而及鶉火後四周四十八歲凡五及鶉火五十二年天數以五為紀故五及鶉火火盛水衰）○晉荀盈如齊

逆女（自為逆〔為〕于僞切）還六月卒于戲陽（魏郡內黃縣北有戲陽城〔戲〕許宜切）殯于絳未

葬晉侯飲酒樂膳宰屠蒯趨入請佐公使尊（公之使人執尊酌酒請為之佐〔樂〕音

洛〔屠〕音徒禮記作杜〔蒯〕苦怪切如字亦所吏切）許之（公許之）而遂酌以飲工（工樂師師曠也〔飲〕於鴆切

下又飲同）曰女為君耳將司聰也（樂所以聰耳〔女〕音汝下同）辰在子卯謂之疾日

（疾惡也紂以甲子喪桀以乙卯亡故國君以為忌日〔喪〕息浪切）君徹宴樂學人舍業為疾故也

君之卿佐是謂股肱股肱或虧何痛如之（言痛疾過於忌日〔舍〕音捨〔為〕于僞切下為

是同）女弗聞而樂是不聰也（不聞是義而作樂）又飲外嬖嬖叔（外都大夫之嬖者）

曰女為君目將司明也（職在外故主視）服以旌禮（旌表也）禮以行事（事政令）

事有其物（物類也）物有其容（容貌也）今君之容非其物也（有卿佐之喪而作樂

歡會故曰非其物）而女不見是不明也亦自飲也曰味以行氣氣以實

志（氣和則志充）志以定言（在心為志發口為言）言以出令臣實司味二御失官

而君弗命臣之罪也（工與嬖叔時御者失官不聰明）公說徹酒初公欲廢知

氏而立其外嬖為是悛而止秋八月使荀躒佐下軍以說焉（荀躒

盈之子知文子也佐下軍代父也說自解說公〔說〕音悅〔知〕音智下同〔悛〕七全切〔躒〕本又作轢力狄切徐音洛）○孟僖

子如齊殷聘禮也（自叔老聘齊至今二十年禮意久曠今脩盛聘以無忘舊好故曰禮〔好〕呼報切）○冬

築郎囿書時也季平子欲其速成也叔孫昭子曰詩曰經始勿

亟庶民子來（詩大雅言文王始經營靈臺非急疾之眾民自以子義來勸樂為之〔亟〕紀力切〔樂〕如字又五教切一

音洛）焉用速成以其勦民也（勦勞也〔焉〕於虔切〔勦〕初交切又子小切）無囿猶可無名

其可乎

經十年春王正月○夏齊欒施來奔（耆酒好內以取敗亡故書名〔耆〕市志切傳同〔好〕呼報

切）○秋七月季孫意如叔弓仲孫貜帥師伐莒（三大夫皆卿故書之季孫為主）

二子從之○戊子晉侯彪卒五同盟彼虬切彪○九月叔孫婼如晉葬晉平
公三月而葬速○十有二月甲子宋公成卒十一同盟也無冬史闕文成音城何休音恤
傳十年春王正月有星出於婺女客星也不書非孛婺武付切孛蒲對切鄭裨竈
言於子產曰七月戊子晉君將死今茲歲在顓頊之虛歲歲星也顓頊
之虛謂玄枵裨婢支切虛起魚切枵許驕切姜氏任氏實守其地姜齊姓任薛姓齊薛二國守玄枵之
地任音壬居其維首而有妖星焉告邑姜也妖星居玄枵之維首邑姜齊大公女晉唐叔之
母星占婺女爲既嫁之女織女爲處女邑姜齊之既嫁女妖星在婺女齊得歲故知禍歸邑姜大音泰邑姜晉之
妣也天以七紀二十八宿面七妣必履切宿音秀戊子逢公以登星斯於是乎
出逢公殷諸侯居齊地者逢公將死妖星出婺女時非歲星所在故齊自當禍而以戊子日卒吾是以識之
爲晉侯彪卒傳○齊惠欒高氏皆耆酒欒高二族皆出惠公信內多怨說婦人言故多怨說
音悅彊於陳鮑氏而惡之惡陳鮑惡烏路切夏有告陳桓子曰子旗子良
將攻陳鮑亦告鮑氏桓子受甲而如鮑氏遭子良醉而騁欲及子良
醉故騁告鮑文子騁勑領切遂見文子文子鮑國則亦授甲矣使視二子二子子旗子良

則皆將飲酒桓子曰彼雖不信彼傳言者傳直專切聞我授甲則必逐我
及其飲酒也先伐諸陳鮑方睦遂伐欒高氏子良曰先得公陳
鮑焉往欲以公自輔助先伐諸一本無伐字焉於虔切遂伐虎門欲入公〻不聽故伐公門晏平仲
端委立于虎門之外端委朝服四族召之無所往四族欒高陳鮑其徒曰助
陳鮑乎曰何善焉言無善義可助助欒高乎曰庸愈乎罪惡不差於陳鮑差初賣切
然則歸乎曰公伐焉歸公召之而後入公卜使王黑以靈姑銔
率吉請斷三尺焉而用之王黑齊大夫靈姑銔公旗名斷三尺不敢與君同銔扶眉切又音平率所
律切徐所類切斷丁管切五月庚辰戰于稷稷祀后稷之處稷地名六國時齊有稷下館處昌慮切欒
高敗又敗諸莊莊六軌之道國人追之又敗諸鹿門鹿門齊城門欒施高
彊來奔高彊不書非卿陳鮑分其室晏子謂桓子必致諸公讓德之主
也讓之謂懿德凡有血氣皆有爭心故利不可強不可強取爭爭鬬之爭強
其丈切思義爲愈義利之本也蘊利生孽蘊畜也孽妖害也蘊紆粉切孽魚列切畜勑六
切姑使無蘊乎可以滋長桓子盡致諸公而請老于莒莒齊邑長丁丈

切桓子召子山子山子商子周襄三十一年子尾所逐羣公子私具幄幕器用從者之
衣屨私具不告公幄於角切幕音莫從才用切屨九具切而反棘焉棘子山故邑齊國西安縣東有戟里亭
子商亦如之而反其邑子周亦如之而與之夫子子周本無邑故更與之濟
南於陵縣西北有于亭反子城子公公孫捷三子八年子旗所逐而皆益其祿凡公
子公孫之無祿者私分之邑桓子以己邑分之國之貧約孤寡者私與
之粟曰詩云陳錫載周能施也詩大雅言文王能布陳大利以賜天下行之周徧載如字詩作
哉毛云哉載也鄭云始也施始豉切下注同徧音遍桓公是以霸齊桓公亦能施以致霸公與桓子
莒之旁邑辭讓不受穆孟姬爲之請高唐陳氏始大穆孟姬景公母傳言陳氏
所以興爲于僞切○秋七月平子伐莒取郠郠莒地取郠不書公見討於平丘魯諱之郠古杏切
獻俘始用人於亳社以人祭殷社俘芳夫切亳步洛切臧武仲在齊聞之曰周
公其不饗魯祭乎周公饗義魯無義詩曰德音孔昭視民不佻
詩小雅佻偷也言明德君子必愛民佻如字詩作示佻他彫切佻之謂甚矣而壹用之將誰福
哉壹同也同人於畜牲畜許六切○戊子晉平公卒如禪竈之言鄭伯如晉及河晉

左二十二　七　通

人辭之游吉遂如晉禮諸侯不相弔故辭○九月叔孫婼齊國弱宋華定
衛北宮喜鄭罕虎許人曹人莒人邾人薛人杞人小邾人如晉
葬平公也經不書諸侯大夫者非盟會鄭子皮將以幣行見新君之贄見賢遍切下得見同贄
音至子產曰喪焉用幣用幣必百兩載幣用車百乘焉於虔切乘繩證切百兩必千
人千人至將不行也介用不行必盡用之不得見新君將自費用盡費芳味切幾千
人而國不亡言千人之費不可數幾居豈切數所角切子皮固請以行既葬諸侯之
大夫欲因見新君叔孫昭子曰非禮也弗聽叔向辭之曰大夫
之事畢矣送葬禮畢而又命孤孤斬焉在衰絰之中既葬未卒哭故猶服斬衰衰七
雷切本又作縗絰直結切其以嘉服見則喪禮未畢其以喪服見是重受弔
也大夫將若之何皆無辭以見子皮盡用其幣歸謂子羽曰非
知之實難將在行之言不患不知患不能行嘉服見如字又賢遍切重直用切見賢遍切下同夫子
知之矣我則不足言己由子產之戒既知其不可而遂行之是我之不足書曰欲敗度縱
敗禮逸書敗必邁切我之謂矣夫子知度與禮矣我實縱欲而不能自

克也欲因奔以慶新君故縱而行之不能自勝（勝）音升　昭子至自晉大夫皆見高彊見
而退高彊子良　昭子語諸大夫曰為人子不可不慎也哉昔慶封亡
子尾多受邑而稍致諸君君以為忠而甚寵之將死疾于公宮
在公宮被疾（禦）魚據切　輦而歸君親推之推其車而送之（推）如字又他回切　其子不能任
是以在此忠為令德其子弗能任罪猶及之難不慎也喪夫人
之力棄德曠宗以及其身不亦害乎夫人謂子尾曠空也（任）音壬下同（喪）息浪切（夫）音扶
詩曰不自我先不自我後其是之謂乎詩小雅言禍亂不在他正當己身以諭高彊身
自取此禍　○冬十二月宋平公卒初元公惡寺人柳欲殺之元公平公大子
佐也（惡）烏路切（寺）又作侍　及喪柳熾炭于位以溫地（熾）尺志切（炭）吐旦切　將至則去之使公
坐其處（去）起呂切（處）昌慮切　比葬又有寵言元公好惡無常（比）必利切（好）呼報切（惡）烏路切
經十有一年春王二月叔弓如宋葬宋平公○夏四月丁巳楚
子虔誘蔡侯般殺之于申蔡侯雖弒父而立楚子誘而殺之刑其羣士蔡大夫深怨故以楚子名告
（虔）其連切（般）音班　○楚公子棄疾帥師圍蔡○五月甲申夫人
（弒）申志切傳放此

歸氏薨昭公母胡女歸姓　○大蒐于比蒲（比）音毗徐扶夷切　○仲孫貜會邾子盟
于祲祥祲祥地闕（祲）子鴆切又七林切　○秋季孫意如會晉韓起齊國弱宋華
亥衛北宮佗鄭罕虎曹人杞人于厥慭厥慭地闕（佗）徒河切（慭）魚靳切徐五巾切又五
轄切　○九月己亥葬我小君齊歸齊謚（齊）如字　○冬十有一月丁酉楚
師滅蔡執蔡世子有以歸用之用之殺以祭山
傳十一年春王二月叔弓如宋葬平公也嫌以聘事行故傳具之　○景王
問於萇弘曰今茲諸侯何實吉何實凶萇弘周大夫（萇）直良切　對曰蔡凶
此蔡侯般弒其君之歲也歲在豕韋襄三十年蔡世子般弒其君歲在豕韋至今十三歲
歲復在豕韋般即靈侯也（復）扶又切下歲復同　弗過此矣言蔡凶不過此年
蔡近楚故知楚將有之楚無德而享大利所以壅積其惡（壅）於勇切　歲及大梁蔡復楚凶天之道
也楚靈王弒立之歲在大梁到昭十三年歲復在大梁美惡周必復故知楚凶　楚子在申召蔡靈侯靈
侯將往蔡大夫曰王貪而無信唯蔡於感蔡近楚之大國故楚常恨其不復順　今
幣重而言甘誘我也不如無往蔡侯不可三月丙申楚子伏甲

而饗蔡侯於申醉而執之夏四月丁巳殺之刑其士七十人公
子棄疾帥師圍蔡傳言楚子無道重直用切韓宣子問於叔向曰楚其克乎
對曰克哉蔡侯獲罪於其君謂弑父而立而不能其民不能施德天將假
手於楚以斃之借楚手以討蔡斃婢世切何故不克然肸聞之不信以幸不
可再也楚王奉孫吳以討於陳曰將定而國陳人聽命而遂縣之
事在八年今又誘蔡而殺其君以圍其國雖幸而克必受其咎弗能
久矣桀克有緡以喪其國紂克東夷而隕其身紂爲黎之蒐東夷叛之桀爲仍
之會有緡叛之故伐而克之緡武巾切喪息浪切下且喪同隕于敏切楚小位下而亟暴於二王
能無咎乎天之假助不善非祚之也厚其凶惡而降之罰也且
譬之如天其有五材而將用之力盡而敝之是以無拯不可没
振金木水火土五者爲物用久則必有敝盡盡則棄捐故言無拯拯猶救助也不可没振猶不可復振亟欺冀切數也咎其
久切胙本又作祚在路切拯拯濟之拯振之慎切捐以專切拯本亦作拯音救不可復振扶又切本亦無此字○五月齊
歸薨大蒐于比蒲非禮也孟僖子會邾莊公盟于祲祥脩好禮

也蒐非存亡之由故臨喪不宜爲之盟會以安社稷故喪盟謂之禮好呼報切泉丘人有女夢以其
帷幕孟氏之廟泉丘魯邑夢以其帷位悲切一本作夢以帷幕音莫遂奔僖子其僚從之
鄰女爲僚友者隨而奔僖子僚力彫切盟于清丘之社曰有子無相棄也二女自共盟
僖子使助薳氏之薳薳副倅也薳氏之女爲僖子副妾別居在外故僖子納泉丘人女令副助之薳爲彼
切又作蔿蔿本又作蓋初又切說文薳從廾倅七對切令力呈切反自祲祥宿於薳氏生懿子
及南宮敬叔於泉丘人其僚無子使字敬叔字養也似雙生生如字或所敬切
○楚師在蔡向四月之師向本又作鄉晉荀吳謂韓宣子曰不能救陳又不能
救蔡物以無親物事也晉之不能亦可知也已爲盟主而不恤亡
國將焉用之秋會于厥慭謀救蔡也不書救蔡不果救爲於虔切鄭子皮將
行子產曰行不遠不能救蔡也蔡小而不順楚大而不德天將
棄蔡以壅楚盈而罰之楚盈惡蔡必亡矣且喪君而能守者鮮矣
三年王其有咎乎美惡周必復王惡周矣元年楚子弑君而立歲在大梁後三年十
三歲歲星周復於大梁鮮息淺切復扶又切本或作復在切晉人使狐父請蔡于楚弗許狐父

晉大夫（晉大夫(狐)音胡）○單子會韓宣子于戚（單子單成公）視下言徐叔向曰單子
其將死乎朝有著定（著定朝內列位常處謂之表著(著)張慮切(徐)佇居切(處)昌慮切）會有表（野會
設表以為位）衣有禬帶有結（禬領會結帶結也(禬)古外切說文云帶所結也）會朝之言必聞
于表著之位所以昭事序也視不過結禬之中所以道容貌也
言以命之容貌以明之失則有闕今單子為王官伯而命事於
會視不登帶言不過步貌不道容而言不昭矣不道不共不昭
不從（貌正曰共言順曰從(道)音導）無守氣矣（為此年冬單子卒起本）○九月葬齊歸公
不感晉士之送葬者歸以語史趙史趙曰必為魯郊（言昭公必出在郊野）
（不能有國(語)魚據切）侍者曰何故曰歸姓也不思親祖不歸也（姓生也言不思親則
不為祖考所歸祜(祐)音又）叔向曰魯公室其卑乎君有大喪國不廢蒐（謂蒐比蒲）
有三年之喪而無一日之感國不恤喪不忌君也（忌畏也）君無感
容不顧親也國不忌君君不顧親能無卑乎殆其失國（為二十五年公
孫於齊傳）○冬十一月楚子滅蔡用隱大子于岡山（蔡靈公之大子蔡侯廬之父(岡)

音剛(盧)力呉切）申無宇曰不祥五牲不相為用況用諸侯乎（五牲牛羊豕犬雞(為)
于偽切或如字）王必悔之（悔為暴虐）○十二月單成公卒（終叔向之言）○楚子城
陳蔡不羹（襄城縣東南有不羹城定陵西北有不羹亭(羹)舊音郎漢書地理志作更字）使棄疾為蔡
公王問於申無宇曰棄疾在蔡何如對曰擇子莫如父擇臣莫
如君鄭莊公城櫟而寘子元焉使昭公不立（子元鄭公子莊公寘子元於櫟桓十
五年厲公因之以殺檀伯遂居櫟卒使昭公不安位而見殺(櫟)力狄切(寘)之豉切(檀)徒丹切）齊桓公城穀
而寘管仲焉至于今賴之（城穀在莊三十二年）臣聞五大不在邊五細不
在庭（上古金木水火土謂之五官玄鳥氏丹鳥氏亦有五又以五鳩鳩民五雉為五官正蓋立官之本也末世隨事施職
是以官無常數今無宇稱習古言故云五大也官五官之長專盛過節則不可居邊細弱不勝任亦不可居朝廷(長)丁丈切(勝)
音升）親不在外羈不在內今棄疾在外鄭丹在內（襄十九年丹奔楚）君其
少戒王曰國有大城何如對曰鄭京櫟實殺曼伯（曼伯檀伯也厲公得櫟又
并京(曼)音萬）宋蕭亳實殺子游（在莊十二年）齊渠丘實殺無知（在莊九年渠丘今齊
國西安縣也齊大夫雍廩邑）衛蒲戚實出獻公（蒲甯殖邑戚孫林父邑出獻公在襄十四年(出)如字徐音

點若由是觀之則害於國末大必折（折其本）尾大不掉君所知也（為十二年陳蔡作亂傳　掉徒弔切）

經十有二年春齊高偃帥師納北燕伯于陽（三年燕伯出奔齊　高傒玄孫齊大夫　陽即唐燕別邑中山有唐縣不言于燕未得國都　傒音奚）○三月壬申鄭伯嘉卒（五同盟）○夏宋公使華定來聘（定華椒孫）○公如晉至河乃復（晉人以莒故辭公）○五月葬鄭簡公（三月而葬速）○楚殺其大夫成熊（傳在葬簡公上經從赴　熊音雄）○秋七月○冬十月公子憖出奔齊（書名謀亂故也　憖魚覲切一讀為整正領切）○楚子伐徐（不書圍以乾谿師告）○晉伐鮮虞（不書將帥史闕文　將子匠切　帥所類切）

傳十二年春齊高偃納北燕伯款于唐因其衆也（言因唐衆欲納之故得先入唐）○三月鄭簡公卒將為葬除（除葬道　為于僞切）及游氏之廟（游氏子大叔族）將毀焉子大叔使其除徒執用以立而無庸毀（用毀廟具）曰子產過女而問何故不毀乃曰不忍廟也諸將毀矣（敎毀廟者之辭　女音汝）既如是子產乃使辟之司墓之室有當道者（簡公別營葬地不在鄭先公舊墓故道有臨時迂直也司墓之室鄭之掌公墓大夫徒屬之家　迂音于一音於）毀之則朝而塴（塴下棺　朝如字　塴北鄧切徐甫贈切禮家作窆彼驗切義同）弗毀則日中而塴子大叔請毀之曰無若諸侯之賓何（不欲久留賓）子產曰諸侯之賓能來會吾喪豈憚日中無損於賓而民不害何故不為遂弗毀日中而葬君子謂子產於是乎知禮禮無毀人以自成也（憚徒且切）○夏宋華定來聘通嗣君也（宋元公新即位）享之為賦蓼蕭弗知又不荅賦（蓼蕭詩小雅義取燕笑語兮是以有譽處兮樂與華定燕語也又日既見君子為龍為光欲以寵光賓也又日宜兄宜弟令德壽凱言賓有令德可以壽樂也又和鸞雝雝萬福攸同言欲與賓同福祿也　為于僞切　蓼音六　樂音洛）昭子曰必亡宴語之不懷（懷思也）寵光之不宣（宣揚也）令德之不知同福之不受將何以在（為二十年華定出奔傳）○齊侯衛侯鄭伯如晉朝嗣君也（晉昭公新立）公如晉（亦欲朝嗣君）至河乃復取郠之役（在十年）莒人愬于晉晉有平公之喪未之治也故辭公公子憖遂如晉（憖魯大夫如晉不書還不復命而奔故史不書於策）晉侯享諸侯子產相鄭伯辭於享請免喪而後聽命（簡公未葬　相息亮切）晉人許

之禮也（善晉不奪孝子之情）晉侯以齊侯宴中行穆子相（穆子荀吳）投壺晉侯先穆子曰有酒如淮有肉如坻（淮水名坻山名〔淮〕舊如字四瀆水也學者皆以淮坻之韻不切云準當爲濰濰齊地水名下冊澠亦是齊國水也案澠是齊水齊侯稱之荀吳既非齊人不應遠舉濰水古韻緩[illegible]淮足得無勞改也〔坻〕直疑切徐直夷切詩云宛在水中坻坻水中高地）寡君中此爲諸侯師中之齊侯舉矢曰有酒如澠有肉如陵（澠水出齊國臨淄縣北入時水陵大阜也〔中〕丁仲切下同〔澠〕音繩〔時〕如字本或作溡音同）寡人中此與君代興（代更也〔更〕音庚）亦中之伯瑕謂穆子（伯瑕士文伯）曰子失辭吾固師諸侯矣壺何爲焉其以中儁也（言投壺中不足爲儁異）齊君弱吾君歸弗來矣（欲與晉君代興是弱之齊君弱吾君輕吾君以爲弱也）穆子曰吾軍帥彊禦卒乘競勸今猶古也齊將何事（言晉德不衰於古齊不事晉將無所事〔帥〕所類切〔禦〕魚呂切〔卒〕子忽切〔乘〕繩證切）公孫傁趨進曰日旰君勤可以出矣以齊侯出（傁齊大夫傳言晉之衰〔傁〕素口切徐所流切〔旰〕古旦切）○楚子謂成虎若敖之餘也遂殺之（成虎令尹子玉之孫與鬬氏同出於若敖宣四年鬬椒作亂今楚子信譖而託討若敖之餘）或譖成虎於楚子成虎知之而不能行書曰楚殺其大夫成虎懷寵

也（解緩所以書名）○六月葬鄭簡公（傳終子產辭享明既葬則爲免喪經書五月誤）○晉荀吳僞會齊師者假道於鮮虞遂入昔陽（鮮虞白狄別種在中山新市縣昔陽肥國都樂平沾縣東有昔陽城〔種〕章勇切〔沾〕音張廉切韋昭音沾字林他兼切）秋八月壬午滅肥以肥子緜皋歸（肥白狄也緜皋其君名鉅鹿下曲陽縣西南有肥累城爲下晉伐鮮虞起〔皋〕古刀切〔累〕劣彼切又力軌切）○周原伯絞虐其輿臣使曹逃（原伯絞周大夫原公也輿衆也曹羣也〔絞〕古卯切）冬十月壬申朔原輿人逐絞而立公子跪尋（跪尋絞弟〔跪〕求委切又音詭）絞奔郊（郊周地）○甘簡公無子立其弟過（甘簡公周卿士〔過〕古禾切下子過同）過將去成景之族（成公景公皆過之先君〔去〕起呂切）成景之族賂劉獻公（欲使殺過劉獻公亦周卿士劉定公子）丙申殺甘悼公（悼公即過）而立成公之孫鰌（鰌平公〔鰌〕音秋）丁酉殺獻太子之傅庾皮之子過（過劉獻公太子之傅）殺瑕辛于市及宮嬖綽王孫沒劉州鳩陰忌老陽子（六子周大夫及庾過皆甘悼公之黨傳言周衰原甘二族所以遂微）○季平子立而不禮於南蒯（蒯南遺之子季氏費邑宰〔蒯〕苦怪切〔費〕音秘）南蒯謂子仲（子仲公子慭）吾出季氏而歸其室於公（室季氏家財）子更其位（更代也〔更〕音庚）我以費爲公

臣子仲許之南蒯語叔仲穆子且告之故穆子叔仲帶之子叔仲小也語以欲出季氏以不見禮故語魚據切季悼子之卒也叔孫昭子以再命爲卿悼子季武子之子平子父也傳言叔孫之見命乃在平子爲卿之前及平子伐莒克之更受三命十年平子伐莒以功加三命昭子不伐莒亦以例加爲三命叔仲子欲構三家欲構使相憎謂平子曰三命踰父兄非禮也言昭子受三命自踰其先人平子曰然故使昭子使昭子自貶黜昭子曰叔孫氏有家禍殺適立庶故婼也及此禍在四年適丁歷切若因禍以斃之則閒命矣言因亂討己不敢辭若不廢君命則固有著矣著位次昭子朝而命吏曰婼將與季氏訟書辭無頗頗偏也頗普何切季孫懼而辭歸罪於叔仲子故叔仲小南蒯公子憖謀季氏憖告公而遂從公如晉憖子仲南蒯懼不克以費叛如齊子仲還及衞聞亂逃介而先介副使也介音介使所吏切及郊聞費叛遂奔齊言及郊解經所以書出南蒯之將叛也其鄉人或知之過之而歎鄉人過蒯而歎且言曰恤恤乎湫乎攸乎恤恤憂患湫愁隘攸懸危之貌湫子小切徐在酒切一音秋攸如字徐以帝切隘於賣切懸音玄本又作縣

十三

深思而淺謀邇身而遠志家臣而君圖家臣而圖人君之事故言思深而謀淺身近而志遠思息嗣切有人矣哉言今有此人微以感之南蒯枚筮之不指其事汎卜吉凶汎芳劒切遇坤䷁坤下坤上坤之比䷇坤下坎上比坤六五爻變曰黃裳元吉坤六五爻辭以爲大吉也示子服惠伯曰即欲有事何如惠伯曰吾嘗學此矣忠信之事則可不然必敗外彊內溫忠也坎險故彊坤順故溫彊而能溫所以爲忠和以率貞信也水和而土安正和正信之本也故曰黃裳元吉黃中之色也裳下之飾也元善之長也中不忠不得其色言非黃長丁丈切下不共不得其飾不爲裳事不善不得其極失中德外內倡和爲忠不相違也倡昌亮切和戶卧切率事以信爲共率猶行也供養三德爲善三德謂正直剛克柔克也供九用切養餘亮切非此三者弗當非忠信善不當此卦當如字或丁浪切且夫易不可以占險將何事也且可飾乎夫易猶此易謂黃裳元吉之卦問其何事欲令從下之飾夫音扶令力呈切中美能黃上美爲元下美則裳參成可筮參美盡備吉可如筮參七南切又音三猶有闕也筮雖吉未也有闕謂不參成將適費飲鄉人酒南蒯自其家還適費飲於鴆切鄉人或歌之曰

我有圃生之杞乎言南蒯在費欲爲亂如杞生於圃圃非宜也杞世所謂枸杞也圃布古切杞音起枸音苟
本又作狗從我者子乎子男子之通稱言從己可不失今之尊稱尺證切去我者鄙乎倍其
鄰者恥乎鄰猶親也倍音佩已乎已乎非吾黨之士乎已乎已乎言自遂不改平
子欲使昭子逐叔仲小欲以自解說小聞之不敢朝昭子命吏謂小
待政於朝曰吾不爲怨府言不能爲季氏逐小生怨禍之聚爲明年叔弓圍費傳爲于僞切○
楚子狩于州來狩冬獵也狩本亦作守手又切次于潁尾潁水之尾在下蔡西使蕩侯潘
子司馬督囂尹午陵尹喜帥師圍徐以懼吳五子楚大夫徐吳與國故圍之以偪
吳潘普干切督本亦作裂音篤囂五刀切徐許驕切楚子次于乾谿在譙國城父縣南以爲之援
雨雪王皮冠秦復陶秦所遺羽衣也援于眷切雨于付切王皮冠一本作楚子皮冠復音服一音福陶徒
刀切遺唯季切翠被以翠羽飾被被普義切豹舄以豹皮爲履舄音昔執鞭以出執鞭以教令鞭必縣
切或革旁作更者五孟切非也僕析父從楚大夫析星歷切從才用切右尹子革夕子革鄭丹夕莫
見莫音暮見賢遍切王見之去冠被舍鞭敬大臣去起呂切舍音捨與之語曰昔我先
王熊繹楚始封君繹音亦與呂級齊大公之子丁公級音急本亦作伋王孫牟衛康叔子康伯燮父

晉唐叔之子燮素協切父音甫禽父周公子伯禽並事康王康王成王子四國皆有分我
獨無有四國齊晉魯衛分珎寶之器分扶問切下同今吾使人於周求鼎以爲分王
其與我乎對曰與君王哉昔我先王熊繹辟在荊山在新城沶鄉縣南辟
匹亦切沶音市又音示篳路藍縷以處草莽跋涉山林以事天子唯是桃
弧棘矢以共禦王事桃弧棘矢以禦不祥言楚在山林少所出有篳音必藍力甘切縷力主切莽武黨切
跋蒲末切共音恭禦魚呂切齊王舅也成王母齊大公女晉及魯衛王母弟也楚是
以無分而彼皆有今周與四國服事君王將唯命是從豈其愛
鼎王曰昔我皇祖伯父昆吾舊許是宅陸終氏生六子長曰昆吾少曰季連季連楚之祖故
謂昆吾爲伯父昆吾嘗居許地故曰舊許是宅長丁丈切少詩照切嘗一本作曾才能切今鄭人貪賴其田
而不我與我若求之其與我乎對曰與君王哉周不愛鼎鄭敢愛
田王曰昔諸侯遠我而畏晉今我大城陳蔡不羹賦皆千乘子
與有勞焉諸侯其畏我乎對曰畏君王哉是四國者專足畏也
四國陳蔡二不羹遠于萬切羹音郎乘繩證切與音預又加之以楚敢不畏君王哉工尹

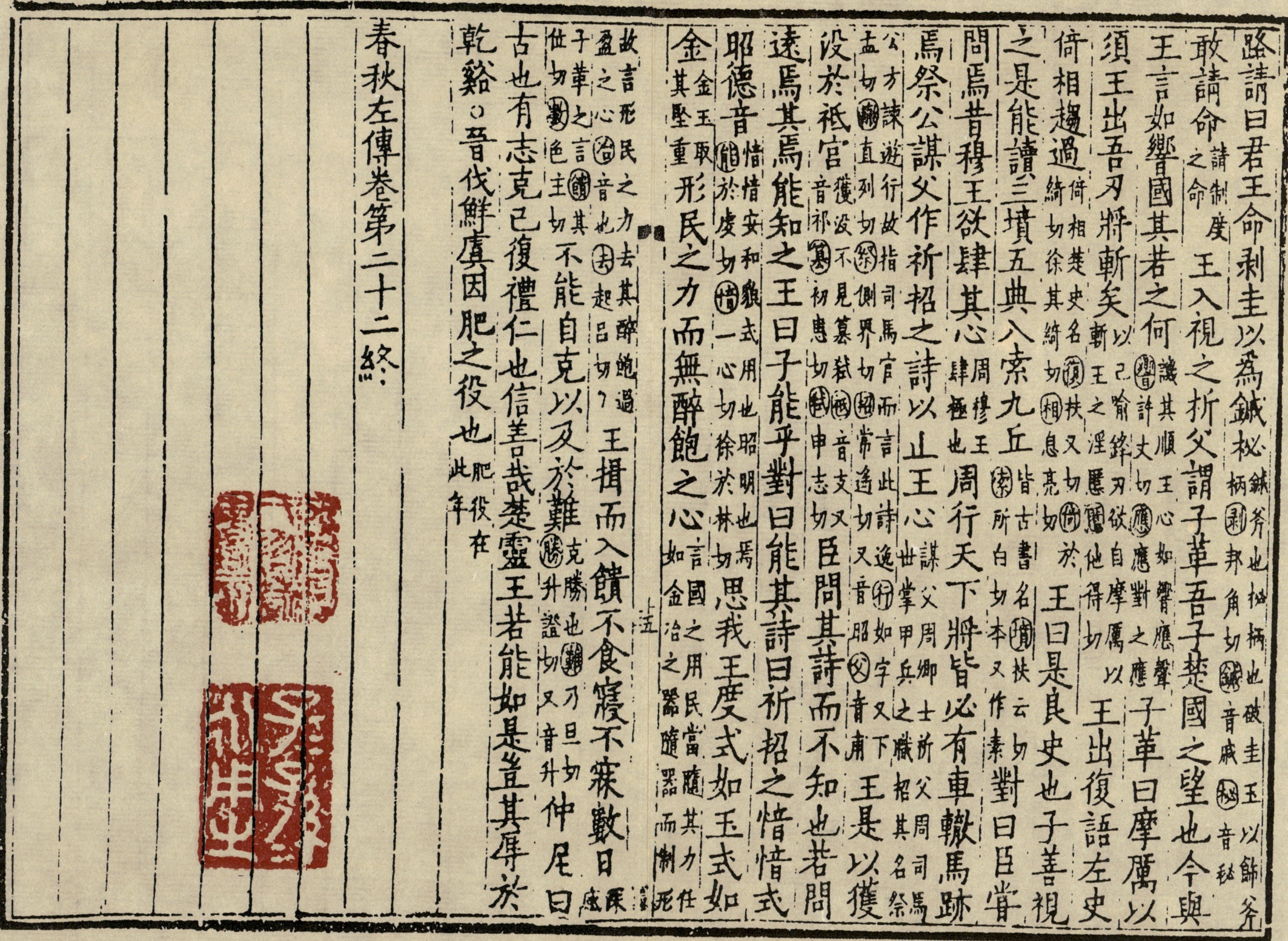

路請曰君王命剝圭以為鏚柲 鏚斧也柲柄也破圭玉以飾斧柄剝邦角切鏚音戚柲音秘 敢請命 請制度之命 王入視之析父謂子革吾子楚國之望也今與王言如響國其若之何 譏其順王心如響應聲響許丈切應應對之應 子革曰摩厲以須王出吾刃將斬矣 以己喻鋒刃欲自摩厲以斬王之淫慝慝他得切 王出復語左史倚相趨過 倚相楚史名復扶又切倚於綺切徐其綺切相息亮切 王曰是良史也子善視之是能讀三墳五典八索九丘 皆古書名墳扶云切索所白切本又作素 對曰臣嘗問焉昔穆王欲肆其心 周穆王肆極也 周行天下將皆必有車轍馬跡焉祭公謀父作祈招之詩以止王心 謀父周卿士祈父周司馬世掌甲兵之職招其名祭公方諫遊行故指司馬官而言此詩逸行如字又下孟切轍直列切祭側界切招常遙切又音韶父音甫 王是以獲沒於祗宮 獲沒不見篡弒祗音支又音祁篡初患切弒申志切 臣問其詩而不知也若問遠焉其焉能知之王曰子能乎對曰能其詩曰祈招之愔愔式昭德音 愔愔安和貌式用也昭明也焉焉於虔切愔一心切徐於林切 思我王度式如玉式如金 金玉取其堅重 形民之力而無醉飽之心 言國之用民當隨其力任如金冶之器隨器而制形故言形民之力去其醉飽過盈之心冶音也去起呂切 王揖而入饋不食寢不寐數日 深感子革之言饋其位切數色主切 不能自克以及於難 克勝也難乃旦切勝升證切又音升 仲尼曰古也有志克己復禮仁也信善哉楚靈王若能如是豈其辱於乾谿○晉伐鮮虞因肥之役也 肥役在此年

春秋左傳卷第二十二終